· 中国家族企业管理智慧丛书 ·

陈 凌 朱建安 主编

中国式创业家庭

基业长青的关键力量

◆

朱建安 著

ZHEJIANG UNIVERSITY PRESS
浙江大学出版社

· 杭州 ·

目　录

导　论　老子英雄儿好汉？

　　有不少功成名就的大人物是以家族为单位成群出现的，如：北宋"三苏"皆为文学巨匠；扁鹊三兄弟皆乃岐黄妙手；美国肯尼迪家族、布什家族是政治名门；岳飞、岳云将门父子；杨氏杨继业、杨延昭、杨文广三代血战报国，女将也屡建奇功，总称"杨家将"；商业翘楚如同仁堂由乐家传承200多年；洛克菲勒家族至今都在影响美国经济；欧阳通工于楷书，继承欧阳询的书法，笔锋险峻，父子合称"大小欧阳"；讲到书法更不能不提书圣王羲之与其子王献之。殊不知，何止父子俩，此东晋王氏家族乃书法世家，有父子比较、兄弟争胜、夫妻比试、姻亲相学，王氏一门在书法史上都极为耀眼。

　　子承父业家族沿袭一代又一代，可谓老子英雄儿好汉，虎父无犬子。殊不知，这里有统计学上的幸存者偏差：那些成为大家茶余饭后谈资或者莘莘学子楷模的，都是优胜劣汰剩下的佼佼者，大量传承失败的家族淹没于历史长河。英雄老子未必都有好汉儿！投资大师巴菲特不相信子承父业，他自己确实也不在两儿一女中找接班人。"2000年悉尼奥运会的游泳冠军，培养孩子让其参加 2020 年东京奥运会，还能够获得冠军吗？"答案应是不确定的。

一、熵增定律与"富不过三代"

事物总是向着熵增的方向发展，人会变得散漫，组织会变得臃肿，效率、活力会流失，创新能力下降。清华大学科学史系主任吴国盛教授曾经说过，如果物理学只能留下一条定律，他会毫不犹豫地选择留下熵增定律。这个热力学定律指出，热量从高温物体流向低温物体是不可逆的，直到熵的最大状态，此时就是系统的最混乱无序状态。如果说一个孤立系统，熵只能增大或者不变，绝不能减小。照此推理，在一个有威望的门第，人才辈出越来越显赫是不可能的。要保持显赫都是极难，必须有过程极为痛苦的逆熵增做功。巴菲特对奥运冠军子女还能获得冠军质疑，就是因为在竞争越来越激烈、夺冠难度越来越高的赛场上，过了 20 年，如果冠军的孩子还能获得冠军，那就意味着孩子比当年的父亲更为优秀。

子承父业发扬光大，按理是不难的。老爸当英雄绝非偶然，他们凭借"绝世秘籍"混迹江湖，这是核心资源。各色人等看到英雄的孩子也会给予几分薄面，那是社会资本。岐黄世家的几帖药方，从小跟着学望闻问切的经验，口传心授都是核心竞争力；政治家族布局影响力，那些值得信赖的联盟基本面，也是接班人巩固权力的基石；这些都不足为外人道也。有时候，在自家孩子那里都担心天机泄露,搞了个"传男不传女",如此这般,别人是没啥机会的。对于创业家族来说,除了可以言传的商业知识和经营之道,还有诸多只能意会的东西。第一代企业家的人际关系、政商资源、市场渠道、合作伙伴等,创业数十年的艰辛背后有非常多的商业智慧,这些信息和经验父亲对儿子都是知无不言的。因此,上一代打下的江山,后代先是坐稳江山,然后在原基础上做些增量的改革,不就名垂青史了吗?这听上去水到渠成。

传承就这么简单?全世界都有类似于"富不过三代"的谚语,又该做何解释?正如经济学的边际报酬递减规律所揭示的原理。在同样的一块土地上,投入一个劳动力耕种,产出 1000 斤粮食。如果投入两个劳动力,产出能够达到或超过 2000 斤吗?如果投入三个劳动力,产出能够达到或超出 3000 斤吗?当然不可能,否则弹丸之地就能养活全世界人口。投入某一定量劳动后,说不准总的产量还会下降。江山如果只有你家坐,而且还是人才辈出,一代更比一代强,别人哪还有机会?当年黄炎培老先生曾向毛泽东同志提出"其兴也勃焉、其亡也忽焉"的历史周期率问题,就是探讨如何对抗熵增定律。该定律就是如此强大,让各个物种都能轮番上场,有自己的一片天空。奥地利著名物理学家薛定谔曾经说过,人活着就是在对抗熵增定律,生命以负熵为生。

《六祖坛经》中有这么一句话:"下下人有上上智,上上人有没意智。若轻人,既有无量无边罪。"意思是说,不少生活在最底层的人,可启发人的心智;不少资历、成就、学识已经是上上之人，也许只有循规蹈矩，对于生命觉醒来说，属于无意识、无智慧者。因此，万不可凭外在的一些表象轻视他人。第一代企业家，多数出身农家，囿于环境，但实属潜龙在渊等待时机。直到改革开放，政策一旦允许，这些金子终要发出光芒。尤其是这些出身贫困的第一代，知道一个钢镚儿掰两半花，有改变命运的迫切动力，也有熬过苦日子才有深刻理解的成本意识，还有一颗感恩的心，他们的成功就并非偶然了。但是，到了第二代，有明显的代际企业家精神递减，看上去已经是"上上人"，但未必有"上上智"了。

二、代际目标差异与布登勃洛克效应

为什么英雄父亲不容易培养出好汉儿子？首要原因可能是两代人不想走老路。

与其说巴菲特不相信孩子能够做得更好，还不如说希望给下一代有更多的可能性。英雄父亲自然知道成长的坎坷，荆棘道路为何非要让孩子重新再走一遍？美国第二任总统约翰·亚当斯有一句名言："我必须研究政治和战争，这样我的儿子们才会拥有研究数学和哲学、地理、博物、造船、航海、商业和农业的自由，他们的孩子们才有研究绘画、诗歌、音乐、建筑、雕塑、织艺和陶瓷的权利。"不少企业家鼓励孩子去做普通上班族，做稳定又不那么辛苦的工作。而企业家呢，为了剩余控制权和索取权，必须承担各种不确定性。面对各类来打秋风的人士，笑脸相迎，礼貌送客。他们给了孩子以财富，不希望给予重担，打内心觉得：有一种思想叫平庸，有一种情绪叫快乐，有一种状态叫快乐的平庸。

　　父辈不希望孩子受苦，很多孩子也不想步后尘做看似光鲜的好汉。德国小说家托马斯·曼的《布登勃洛克一家》，揭示的就是不同代的人不一样的追求。[①] 老约翰·布登勃洛克出身贫苦，不仅创办粮食公司，为普鲁士军队供应粮食，还有轮船运输队，后又经营地产，逐步成为巨富。企业就是他的全部。未竟事业由他儿子小约翰·布登勃洛克经营，小约翰的兴趣还转向了政治，野心勃勃工于心计，做了参议员。金钱中长大的第三代托马斯·布登勃洛克对财富的兴趣开始衰退，他举止得体，踏实聪明，但是维持生意只是履行对父亲的承诺，处理家族和企业事务让他心力交瘁。第四代汉诺·布登勃洛克享受金钱和地位，但是生性软弱，无心学习，追求精神世界玩音乐。最后，家族生意无人经营、无人负责，粮食公司被卖掉，伙计被遣散，商业家族走向衰落。以研究经济增长著名的罗斯托借用了"布登勃洛克"的案例，发现每一代处境不同，物质与精神丰裕程度不一样，追求的目标和欲望都各异，家族几代的更替不也预示着时代变化与社会发展的变迁吗？社会就是在人类永远变化的追求驱动下不断向前跃迁的，这就是经济成长的阶段论。家族可能是衰败的，社会却在前进。

---

① 陈凌，谢惊晶.真亦假时假亦真：家族小说作为家族企业成长转型的特殊案例[J].福州大学学报（哲学社会科学版），2021（6）：76-83.

无论我们是否欢迎这样的变化，历史的车轮都滚滚向前。

三、精神传承乃第一要务

为什么英雄父亲不容易培养出好汉儿子？还有可能是两代人的不能——没有能力实现传承。

任何重要岗位都要岗前培训，唯独做父母的，带第一个孩子的时候，没有任何经验。实干家未必还是成功的教育家，善于总结，善于表达，还要善于换个身份，比如从导师的角度培养下一代。有太多的家庭，成功的父亲培养出失败的儿子。有的企业家，经营遇到困难但是看到长进的下一代，借力接力，一代更比一代强，信心倍增；也有的企业家，功成名就但是想到子孙不走正道败家毁业，因而愁容满面。

"我住在上海50余年，看见发财的人很多，发财以后，有不到5年、10年就败的，有二三十年即败的，有四五十年败完了的。我记得与先父往来的多数有钱人，有的做官，有的从商，都是煊赫一时的，现在已经多数凋零，家事没落了。有的是因为子孙嫖赌不务正业而挥霍一空；有的连子孙都无影无踪了。大约算来，四五十年前的有钱人，现在家产没有全败的，子孙能读书、务正业、上进的，百家之中，实在是难得一两家了。"

表达上述观点的是聂云台，其母是曾国藩的女儿曾纪芬，其父是历任上海道台、安徽巡抚、浙江巡抚的聂缉椝。作为纺织实业家，聂云台在1920年就任上海商会会长、全国纱厂联合会副会长。以他在上海的经历，做出这样的总结，令人信服。

在聂云台看来，像曾国藩、左宗棠、彭玉麟、李鸿章这几家，是积钱很少的清朝大官，后人较多能读书，以学术服务社会。他认为家族后代要认识财富的本质，父辈以身作则，教育孩子不能当财富的奴隶才是最重要的。很多案例证明，不肯发财、不为子孙积钱的家族，子孙反而优秀。这就是《大学》所云："仁者以财发身，不仁者以身发财。"现实中，父爱主义驱动父母多为孩子攒钱，看不透"积钱多反而使得子孙没饭吃；不取巧发财的，子孙反而能够有饭吃，有兴旺的气象"《资治通鉴》里介绍过疏广、疏受叔侄二人官至太子太傅与太子少傅，"知足不辱，知止不殆"，于是告老还乡，并且将汉宣帝与皇太子临行赠送财产全部用于宴请同乡同族而消耗一空，理由就是担心子孙"贤而多财损其志，愚而多财益其过"。

聂氏家族很重视家族文化建设，聂云台就不定期编撰家庭内部刊物《聂氏家言旬刊》。清末民初社会剧烈变迁，很多家族成员散居海内外，人生地不熟，聂云台很关心聂家支脉各自发展，知道聚首不易、情感日疏，西洋文化冲击家庭教育与家庭文化，"家族焦虑"首先是担忧子孙后代偏离门第素养，缺少家族独特气质。因此，别名《家声》的这本册子就刊登家训、家教和家族成员事业婚姻。因为家族一直遵照曾国藩授后人远离官场的训示，重点放在记录祖上为人处世、勤俭持家的做法，熏陶善因善果的佛家思想，还刊发家庭会议记录、家族成员信函，尤其在清明、中秋、新春等重要节日推出增刊与特辑以飨家族读者。

从企业知名度看，在新中国成立前的上海，最负声誉的工商业翘楚要算荣宗敬与荣德生兄弟。无锡荣家不如聂云台祖上显赫，但是作为首富级企业家，无论是经济影响力还是社会影响力都更胜一筹。毛主席曾经评价说："荣家是中国民族资本家的首户，中国在世界上真正称得上是财团的，就只有他们一家。"[①] 荣熙泰自己是白手起家，在广东三水河口厘金局做事，小有积蓄后资助两个儿子宗敬和德生创立广生钱庄，他很早就让两个儿子在上海做学徒而非禁锢在读书科举之路。他一直鼓励儿子专心从事商业，不能浮躁，要看淡功名。在清末社会动荡、局势非常复杂的时候，他引用《周易》教育儿子要学会发掘危中之机，发展壮大自己。他特别教育"己欲立而立人，己欲达而达人"的儒家思想，要求后人无论是治家还是立身，有余顾及族及乡，如有能力，即尽力贡献社会。荣熙泰根据兄弟二人性格差异因材施教，使得二人日后形成了各具特色的管理风格，能够最大程度地发挥自己的长处。虽说二人在企业的经营和发展战略上也有不小的分歧，但一直能够互相理解并支持对方，通过求同存异来化解矛盾，并且在危急时刻相互扶持、相互信任，血浓于水的亲情在其中发挥了巨大的作用，是兄弟和谐合作的催化剂。荣宗敬一生都为建立一个强大的民族工业而奔波，荣德生则善于将亏损的企业精耕细作、扭亏为盈。荣德生自己总结兄弟二人乃是事业家，而非资本家，

---

① 计泓赓. 荣毅仁 [M]. 北京：中央文献出版社，1999.

是将所有的财富全部投入事业当中，以维持数十万人的生计，而非从生意获利后贪图享乐的人。改革开放后，荣德生的儿子荣毅仁响应邓小平同志的召唤，为国家创办中国国际信托投资公司；孙子荣智健拿着单程签证去香港，创办企业，后也成为首富。荣家有不息的创业精神，荣熙泰一直强调的"尽力社会"得到子孙后代的遵行，广受大众赞誉。荣氏在无锡大办公益，尤其是捐资助学，从小学到中学再到江南大学。新中国成立后将自家花园——梅园捐给政府，荣智健于 2015 年、2019 年定向捐款 550 万元进一步建设好梅园，谱写了建梅园、捐梅园、提升梅园，为天下布芳馨的"荣家精神三部曲"。

四、父子关系影响两代传承

除了身体力行在德行方面做出表率，父辈还要重点培养后代的经营管理能力。不经意间的暴富与成功，未必能够总结出可穿越周期的不破经验。即便有这样的经验，无论是有形还是无形的商业知识，父辈倾囊相授自然都没有问题。但是，正因为是父子关系，能像其他师徒关系那样实现有效传授吗？

易子而教不是没有道理的。《孟子与离娄》中有如下一段文字。公孙丑曰："君子之不教子，何也？"孟子曰："势不行也。教者必以正，以正不行，继之以怒；继之以怒，则反夷矣。'夫子教我以正；夫子未出于正也！'则是父子相夷也。父子相夷，则恶矣。古者易子而教之，父子之间不责善。责善则离，离则不祥莫大焉。"

孟子解释了君子不能自己教育孩子的原因。我们以正道教育孩子，但是碰到孩子冥顽不化，左耳朵进、右耳朵出，自然要发火动粗。确实，血压高于智商的，就是回家辅导孩子做功课的时候。孩子还要顶嘴，反问我们：你跟我讲授如何做正确的事，现在你发火，自己怎么反而做不对的事？孩子的头头是道，往往被认为是挑战权威。父子间就因为孩子的学习伤感情，互相疏远，互相憎恨。老师来教育孩子，或者易子而教，因为不会求全责备，师徒互相理解，反而有利于孩子获取知识，比如：这里的知识点不懂不要紧，因为班里好多孩子也没懂；做作业不专心太正常了，那是有零食在诱惑；玩一下手机轻松轻松也不过分，老师自己不也玩吗？唯独父母在教育孩子时，将自己孩子的缺点跟别人家孩子的优点比，越比较越失望，恨铁不成钢，如果再信奉所谓的"棍棒出孝子""顶嘴就是不孝"那套传统教育方式，父子冲突就会越来越深。很多孩子在当下不反抗，内心也许还是极力压制着叛逆心性：叫我不能睡懒觉，父母自己不是经常上班迟到？叫我不许说谎，父母自己不是天天撒谎？压抑的心情终有一天会爆发出来。但有时候，爆发要比压抑更好。

父子关系极大影响关键知识的教与学。因为家庭是一个系统，因果可能循环。父子关系影响了企业里父子共治的效果，这种效果反过来会影响父子关系。IBM在很长一段时间内是家族所有并且是家族经营①。销售员托马斯·沃森几乎以一己之力将一家生

---

① Watson T J, Peter P. Father Son & Co: My Life at IBM and Beyond[M]. New York: Bantam Doubleday Dell Publishing Group, 1990.

产磅秤与穿孔机的公司发展为顶级 IT 企业。独生子小托马斯·沃森找不到合适的工作，给父亲打电话希望获得 IBM 的职位。在销售驱动的企业里，最重要的岗位自然是销售工作。小沃森从基层销售员开始做起。但老沃森被推崇为销售天才，他怎么看得上菜鸟儿子，无论人前人后都贬低儿子，说他的灵活性根本不具备销售员的素养。更重要的是，在父亲所拥有的公司上班，"小老板"是明日之星也是众矢之的。大家拍他的马屁，也在等着看他的笑话，还把他当"枪"使卷入内部的政治斗争。小沃森地位虽然高，但是个人业绩迟迟不见改善，一次次被父亲数落和贬低，自尊心受到极大伤害。他开始憎恨 IBM，憎恨父亲。更多的时候，不自信的他还缺少表达自己"不想干"的反抗勇气。

这哪里还是普通的师徒关系？父子情绪掺杂到师徒制里原本克制、客套的教学关系中。二代表示不愿意继续留在公司，因为一在公司两人就争吵，无论在独立办公室还是在公开办公会议上，两人都会发生争吵，激烈程度让外人瞠目结舌。父亲嫌弃儿子能力如此之差脸上无光，儿子则是因为不被尊重而生懊恼，全然不管场合，即便是在父亲开创的商业王国。一次次的争吵，使得不少两代因为情绪低落而抑郁。

儿子在公司没有存在感，觉得无法施展拳脚，感受不到尊重，因为他期待的是父亲的肯定和放手。同样地，父亲牢固掌握权力主要是因为儿子的能力不足，还接不过去。儿子说："因为不放手，所以接不过。"父亲说："因为接不过去，所以不放手。"到底是谁说得对？我更倾向于要父亲主动走出第一步，因为传承的里程表与计时器是在父亲手里。当然，二代拿到父亲给出的锻炼机会要实践、感悟和提升，不论成败但都要有成长。使命在二代，责任在一代。

受人尊重的成功人士回到家，希望继续得到奉承，习惯于被当作"神"一样供奉，受不了失去权力。无论男女，把外面的权力规则带回家并不罕见。有的父亲习惯了严厉和进攻，为了彼此的相安无事，儿子选择了温顺与妥协。不少二代已过而立之年，仍然畏惧父亲。2018年，48岁的福耀玻璃总裁曹晖接受访谈，仍然表示自己怕公司创始人、父亲曹德旺，而且"怕得要死"。如果父亲坐对面，他就立马起身离开。因此，父子俩很少单独谈话，更少同桌吃饭。另一个有代表性的案例是双汇肉食万隆与万洪建父子。在儿子看来，父亲在双汇公司、在创业之初的漯河市是神一般的存在，在家也是神。2020年，年满80岁的创始人万隆确定了公司的"十四五"规划，打算继续统领企业5年。2021年，父子因为双汇母公司万州国际CEO人选问题爆发冲突，长子万洪建只能"以拳头砸向房门，用头撞击玻璃墙柜，宣泄心中愤懑"。儿子反抗的方式近乎自残，本质上是一种极度压抑下的爆炸。

"我非常、非常、非常怕我的父亲，怕得不得了……"这位年过五旬的家族长子万洪建用三个"非常"表现出自己的恐惧与无奈。父子间的距离很有戏剧性。2013年，儿子不认为双汇公司收购史密斯菲尔德是正确决策，而儿子这样的想法被父亲认为是"大逆不道"，心怀不满的儿子选择离开公司。2015年，父亲被查出严重疾病，主动问儿子想不想回来，眼看强大的父亲正在慢慢老去，万洪建回去扛起公司，还陪父亲去日本看病。2017年，父亲的病情被认为是误诊，再次强大的父亲压住儿子的光芒，儿子又是以自残方式离开公司。父子在公司的角色，此消彼长。

狮群里的狮子王只能有一个。年轻力壮的狮子时不时要挑战一下狮王的权威，如果挑战成功，众星拱月；如果挑战失败，遍体鳞伤，下一顿食物有没有都未可知。这样的例子在我国历史上也可以考证，弑父篡位乃大逆不道，安庆绪弑伪燕光烈帝安禄山、朱友珪弑梁太祖朱温，若儿子也坐不稳江山，很快就会身首异处。但是说父子间全无雄性动物的竞争关系也不符合生物学和心理学研究。弗洛伊德就用俄狄浦斯情结来分析男孩子的心理动因。做父亲的自然希望江山代有才人出，子孙更比自己强，但同时也害怕英雄迟暮。雄性的活力使得父子关系充满了张力。

"少爷"一词很形象，他们习惯坐轿而不屑抬轿，他们历练不足，更谈不上磨炼。少爷在下人面前，有时候骄纵得厉害，有时候纯真得可爱，在"老爷"面前则是屏气凝神、噤若寒蝉，就像贾宝玉见到父亲贾政，被评价为："把胆子唬破了，见了老子不像个避猫鼠儿？"不是儿子不反抗，而是孝道传统、衣食父母、自己不能满足期待等多种原因导致的反抗无力。这种心理状态也许打小就开始，像失控列车，即便刹车已经修复，但司机不相信有能力改变，只能任由它向前奔。避免这种心理状态，最有效的措施是改变博弈结果。其实，面对青春期孩子的反抗，父亲输的只是"面子"，赢的是"里子"。反观《红楼梦》里的贾政，每次赢的都是"面子"，其实输的是"里子"。他看似百般嫌弃儿子，甚至恨不得打死儿子。实际上，打了后又心疼得几次三番流泪。内心倔强的贾宝玉一直逆反强势父亲设定好的路，不读书，不考功名，最后出了家。贾政眼睁睁地失去了儿子。

事业成功的一代是传承的把控者。一代企业家的离任方式可以分为四种类型：君主型、将军型、大使型、总督型。第一种是君主型，他们拒绝离任甚至从不考虑离任。如何传承，有的用"遗诏"告知天下，接班人自己都还蒙在鼓里。如果是"太子"，那得老老实实做乖儿子，否则被废还要被骂作"品行不端""僭越违制""威逼朕躬"，因所谓的江山社稷而被废。这样的接班人应坐得住冷板凳，因为父亲是不会退休的。如果不够健康，可能都要走在父亲的前头。第二种是将军型，他们继续控制企业，只是表面交权。很早委任儿子做总经理或者董事长，自己从儿子手里讨了个一官半职，只做了挂名的董事，但是早出晚归，天天在公司，员工仍然视父亲为老板。平时一般不说话，但是一旦发声，儿子的董事长、总经理位置就不保了。第三种是大使型，当企业的顾问或者代表。他们出差旅行，维护重要客户关系，给公司做好事但不求留名。还有很多二代期望父亲是第四种类型——总督型，第一代一旦退休就彻底断绝与企业的关系，转向新的挑战。末任英属香港总督彭定康在 1997 年香港回归之后，去了欧盟任外交事务专员，后又去牛津大学任校监。一页已经翻过，何必留恋过去？

第一代企业家将很多不可能变成了可能，配得上"生猛"二字，几乎都是历经"血战"的幸存者，其口头禅是："我都不知道啥是难！"跟他们相比，二代平凡得像是白开水，在父亲看来就是"不合格"。

依据香港恒生大学罗立群教授依托中国工商银行私人银行部的数据做出的统计，第一代企业家有46%是君主型，16%是将军型。考验二代的不仅是智商、情商，还有韧性。对于领导人来说，为实现具有挑战性的目标，坚韧不拔的意志要比才智更加重要。个人意义上的坚韧（grit）是对长期目标的持久热情与坚持。[1]坚韧不拔的品质支持着个人目标的承诺和坚守，即便面对失望仍然保持梦想和自律。这种品质帮助人们迎接挑战，即便有失败仍然能够维持努力、保持浓厚的兴趣。只要任务或者目标没有完成，他就会一直聚焦于这项事业不会中途放弃，受挫或者失败引起的不良情绪不会阻碍继续实现梦想。但即使穿越情绪的迷、接过家族的火炬，对于选项很多的二代来说，他们会质疑意义所在，因而不少人干脆选择躺平。

五、家庭系统与子承父业

在中国的文化传统里，父亲不能过多表扬自己的孩子，一是

---

[1] Duckworth A. Grit：The Power of Passion and Perseverance[M]. New York：Scribner，2016.

为了防止孩子骄傲，二是在外人面前过多表扬有违中国人内敛、谦虚的良好品质。跟别人介绍自己儿子的时候还经常用"犬子"来称呼，体现了中国家庭的人伦等级。《红楼梦》里恢宏气派的大观园竣工后，贾政邀请门下清客进园拟对联，恰好宝玉也在游园，逃不过的宝二爷就不可避免地迎接考验。儿子接二连三的锦言妙语，父亲听了不是颔首就是微笑，还时不时地拈髯点头。虽是心花怒放，但是嘴上却道："畜生，畜生，可谓'管窥蠡测'矣。"众人行至"省亲别墅"的玉石牌坊时，宝玉似乎有些无心拟题。贾政冷笑道："你这畜生，也竟也有不能之时了。也罢，限你一日，明日若再不能，我定不饶。"做父亲的，见到儿子的才情是满意和赏识的，但是要用"畜生""无知的业障"批评几句，免得儿子狂妄不羁，表面粗暴实则亲昵；见到儿子疲惫倦怠才思枯竭，赶紧给了个台阶，威严之下又是良苦用心，看似训斥但无火药味，不是真动气。

小沃森第二次回归 IBM，已经跟第一次的菜鸟完全不一样了。参加过二战当过飞行员的小沃森，在军营和战场上获得了自信，赢得了战友和家人的尊重。有备而来的"小老板"这个时候表现出对权力的极度渴望。父子共治时代仍然有不少"斗鸡"式的父子权力战争。中文词语构造也说明了个中要义：一个"中心"是"忠"字，两个"中心"是"患"字。老板当然不希望有"患"。不过，使命在二代，责任在一代。掌控权力交接进程以及子女能力培养流程的是第一代企业家，第一代如果能够退居企业的形象大使，继续发挥作用，给第二代留出空间，给自己更多的时间，那是皆大欢喜。老沃森年龄在增长，身体机能在退化，很适时地开始往后退，而且还越来越多地表扬儿子，最初觉得花花公子般的儿子"会一事无成"，后来看着已经雄心勃勃的儿子，他的口径变为"IBM 后继有人了"。

为什么英雄父亲不容易培养出好汉儿子？对抗熵增定律怎么就这么难？关键原因是成为英雄父亲是个人行为，要培养出好汉儿子则是家庭行为。镁光灯下、众人面前，英雄总是光鲜亮丽，举手投足沉稳有力，但并不意味着他的家庭是夫妻恩爱、子女出色、幸福美满。莎士比亚的四大悲剧《奥赛罗》《哈姆莱特》《李尔王》《麦克白》都是家庭悲剧。勇将奥赛罗听信谗言错杀妻子；叔父谋杀哈姆雷特父亲；李尔王年老昏聩，错信两个大女儿废黜放逐小女儿；麦克白将军平叛立功，但受妻子教唆，不满足一人之下万人之上的地位，怀着异心谋杀了表哥苏格兰国王邓肯。四大悲剧重要角色皆是西欧封建王朝帝王将相及夫人与子女，恐惧、贪婪、野心、嫉妒的性格描画入木三分。小人谗言、谋权夺位处心积虑、处处陷阱让人感同身受又是步步惊心，良知反倒成了沙漠绿洲，如此稀少。如果从一个家庭每个人的角色看，丈夫的嫉妒、妻子的谗言，父亲的刚愎自用、母亲的保护溺爱，孩子既优柔寡断也有野心冲动，既有胆小温顺也有叛逆暴躁，展示了年轻人的纠结与矛盾，人物性格都很典型。作品之所以为经典，是因为在刻画人性和展示角色关系方面散发出跨时代的光芒。"修身"之外，

"齐家"的挑战同样不小。

父子关系不仅仅是两个人的关系，父子关系源于家庭，源于母亲。老沃森与他儿子之间的权力斗争持续时间很长，不仅是因为父子关系，还因为拉拢其他家族成员使得家庭关系复杂化，既有将矛盾从公司带回家庭，也有将矛盾从家庭带到公司。如果夫妻关系紧张且处在弱势位置的恰好是女性，那么她会拉拢儿子成为自己盟友，联手对抗丈夫。对儿子来说，自己和父亲在潜意识上不能认同，难以在公司内合作，很大程度来源于原生家庭自己卷入了父母争吵，并出于保护妈妈的动机而厌恶父亲，这就是所谓的将矛盾从家庭带到了公司。不少家族企业领导人在家里的饭桌上就开起了公司决策会，有分歧会影响一桌子人的心情，而这一桌人有不少仅仅是家族成员，不参与任何公司事务，也卷入了纷争。宁波方太集团是创业式传承的典范，父子既是完成了传与承，也是实现共同创业。刚开始，父亲茅理翔希望上微波炉产品，儿子茅忠群根据市场调研认为要上油烟机项目。一家人在餐桌上吃饭，血气方刚的儿子"啪"的一声放下筷子就走。此时，妈妈张招娣制止了先生的进一步发作，并做思想工作劝慰其要更理性思考，更多支持年轻人的冲劲，从此家族就有了一个规定：吃饭的时候禁止谈工作。茅氏家族因为有了张招娣这位"首席情感官"，化解的不是父子观点冲突，而是情绪对立，将冲突仅仅局限在认知冲突，少些情感冲突。父亲茅理翔还擅长用信件的方法跟孩子交流，将情绪更多地过滤掉，双方互相倾听和表达真实的观点。

"教师的孩子不读书，医生的孩子老生病。"父母最骄傲的领域却被孩子嘲弄了。这可能是孩子在潜意识里希望达到的目标。当家长知晓孩子"一边在羞愧，一边在偷着乐"时又会有何感想？父母凭借引以为豪的优势制造强大压力，孩子以生理和心理的对抗反击父母的控制欲。

创业家族两代人常见的问题是：原本应该给孩子足够关爱的时候，父母缺失了；原本应该放手成年孩子的时候，父母又出现了。很多二代说：父母创业时把他们送到爷爷奶奶家、外公外婆家寄养，甚至花钱把他们寄养在老师家，对他们的关心少，价值观影响也不足。现在却要干预婚姻、事业，似乎不接班、不听话就是不孝顺、没责任心。英雄老子培养不出好汉儿子，恰恰就是因为这样的父子关系。

父子关系受到其他家庭成员影响，与家里有多少个孩子以及孩子的出生排序有关。家庭很像一座森林、一洼池塘、一个生态圈。同胞兄弟姐妹在父母那里争宠，就像植被争夺阳光和雨露。灌木比不了乔木那样能够长成参天大树，却是小巧耐寒，少不了春华秋实，适应性强。不用简单地比高低，大家都是各有特色。龙生九子，各个不同，有的忠厚，有的叛逆，有的活泼，有的忧郁，都有自己的特定发展空间。出生顺序、自小在家庭中承担的劳动分工，会影响到将来的家庭关系、每个家庭成员的角色和性格，这就是家庭动力学（family dynamics）研究的主要内容。

家庭动力学是一种直译，对初学者来说，这个学科译名达不到信、雅、达的程度，颇有让人丈二和尚摸不着头脑的感受。原有的心理疾病治疗采用的是个体动力学（individual dynamics）方法，所谓的"一人生病，一人吃药"，凡是患者之外的任何人与事都不进入治疗师的探索素材范围，但是导致了医师在解释和治疗个体精神障碍方面力所不逮。心理学基于系统论和控制论，衍生了这种从家庭角度分析的新学——家庭动力学。米纽庆在其介绍结构性家庭治疗的著作中提到了一个隐喻：北极圈的一位旅行者向着北方行进了一整天，结果发现方位比早上更靠南了。因为旅行者在向北走，而整座冰层却是以更快的速度往南漂移。[①] 只有个体的努力可能不够，系统也要发生积极变化才行。唯有家庭内部的结构发生改变，成员地位发生变化，个人的行为才真的跟以往不一样。

六、传承是将精彩留给后代

一般来说，一棵树的任何枝条，都不可能粗过主干。把子女放在身边，就永远离不开你，就像是从你身上长出来的一根枝条，一定不及你"粗壮"。如何做才能让后发的枝条比主干还粗？唯一的办法，剪下来插到另外的地上，让它自己去赢取阳光、雨露和生态空间，脱离对母树的依赖，长成独立的树，才会比母树还要粗壮。但我们会观察到："剪下来"的过程很痛苦，枝条可能要经历一段"弯腰低眉不死不活"的过程，然而，唯有树枝扎下

---

① 萨尔瓦·多米纽庆. 家庭与家庭治疗 [M]. 谢晓健，译. 北京：商务印书馆，2009.

根来才会茁壮成长，并生发出更多新的枝条，传承也就成功了。

"剪下来的枝条"，是交给孩子一片天空去独立承担责任。企业是平台，是父母打下基础交给二代的，但唯有将企业变成是二代自己内生的，他才能成为企业家。没有经历商场上的一次次陷阱，没有自己带出来的团队，也没有让人信服的业绩，更没有穿越一次完整的经济周期，何谈掌控企业？元帅只能在战争中产生。当然，罗马不是一天就建成的。先要给二代一块单独承担责任的业务，他才能够踏实承接下来并做好它，心理上也就少一些在自尊和自卑中飘忽不定的心态波动。

花未全开月未圆，人生最好是小满。作为父亲要留精彩给后代，让后代去拼搏和超越。很多人自己没有看透财富、知晓人生价值意义，却要教育下一代，经常被反问得哑口无言。口头效果不佳，身体力行的示范作用才好。

第一篇

家庭篇

第一章 认识家庭

　　家庭是社会的细胞，家庭组织是社会结构的基础。家庭以姻缘和血缘为纽带，渗透到基层社会的政治、经济和文化中。可以说，不了解中国家庭，就无法理解有别于西方的中国政治、经济与文化。对祖先的崇拜和对子嗣的关注，是中国极为重要的观念，中国人看见自己的祖先、自己、自己的子孙的血脉在流动，就有生命之流永恒不息之感。[①]西方社会，长时期的长子继承制使血缘联结相对弱化，宗教信仰又让人们在上帝面前感到个人的渺小，人们之间也少些亲疏远近尊卑之分，有效地转移了个人对家庭的关注和效忠程度。在中国，家庭文化不仅是家庭或者家族的规则，还泛化到中国经济社会生活的方方面面。文化规则支持社会的信任半径和信任深度，影响了合作秩序的扩张能力，也影响到人格化交易能否顺利转型到非人格化交易的成效，因此就有了有别于西方社会的中国市场经济制度。

[①] 葛兆光. 七世纪前中国的知识、思想与信仰世界（中国思想史第一卷）[M]. 上海：复旦大学出版社，1998.

一、儒家伦理与家庭文化

修身齐家治国平天下，家庭是从个体跃升至国家的重要环节。家是小小的国，国是千万个家，家与国有很明显的同构属性。[①]从个人到家庭，不是夫妻两人财产与身份的简单相加，而是共同的经济单位；两人共同养育后代，是情感的港湾，完成两个家庭文化的融合与传承；家庭不仅仅有情感与爱，也有复杂的关系与权力斗争。卢梭提到，一切社会中最古老而又唯一自然的社会，就是家庭。[②]虽然都有人际关系，但是家庭内外的边界还是区分了不同属性的关系，有不同的治理模式。传统家庭的父为子纲，扩展到庙堂上的君为臣纲。皇帝又称君父，臣子伺候君上，犹如儿子孝顺父母，《弟子规》有云："亲有过，谏使更。怡吾色，柔吾声。谏不入，悦复谏。号泣随，挞无怨。"在朝野，为人臣民如果知道皇上有错，那么也要像对待父母一样，动之以情，晓之以理，一次次劝谏，即便被责打也是无怨无悔。子孙的孝和臣子的忠，本质就一致了。

数千年来儒家文化所倡导的价值观，是中国人日常行为规范和准则。现代儒学配合经济、社会、政治等方面的现代化不断自

[①] 周代的天子选择嫡长子为下一代天子，其他孩子封为诸侯，诸侯选择嫡长子为下一代诸侯，其他孩子为卿大夫。天子是"天下之君"，诸侯是"国之君"，大夫是"家之君"。分封制度下，天下各地分属于各自拥有实权的受封者，天子、诸侯、卿大夫都是有土之君，本都是一家人，因此天下、国、家只是相对独立，都是天子的子孙后代。即便秦国开始了中央集权制度，国也只是开国皇帝家族的家，国事也是他们的家事。并且，无论是家庭还是国家，都遵循着儒家的长幼尊卑秩序和差序格局的结构，皇帝家族还是遵循宗法规则最严格和最受关注的家族。

[②] 卢梭.社会契约论[M].何兆武，译.北京：商务印书馆，2010.

我转折和充实，仍然继续发挥作用，被认为是当代中国自觉遵守的主导性文化信念。儒家文化强调中国家庭内部的人际与代际支持。"家文化"包含了家庭内部隐性的回报责任，父母对年幼子女的抚养和子女对年老父母的赡养互相对应，"你养我小，我养你老"，家庭除了精神支持外还有经济互助互保的功能。血缘和亲缘关系降低了家庭成员利益交往的风险。儒家文化还将家庭规则推及和泛化到社会经济生活的方方面面，形成泛家族化特征。创业者有意识地区分自家人、自己人和外人，并给予不同的信任。一方面，他们依靠他们的家庭、家族和泛家族的社会关系来拓展自己的经营活动，另一方面，又将其家族企业置于一个更庞大的社会网络当中，并且在家庭、家族和同乡等社会网络中建立起自己的商业王国，并且为自己的盈利目标服务。①

如果说中华文化强调了儒家伦理和祖宗崇拜，那么西方社会文化是另一种逻辑——突破家庭局限，转而对神的崇拜。古希腊文明是解读当代西方社会的钥匙。希腊海岸线一万多公里，岛屿众多，有不少天然良港，腹地狭小，耕地资源贫瘠，只有少数的橄榄油、羊毛、葡萄酒等产业。古希腊城邦只能通过海洋贸易换取粮食，也塑造了冒险、外向的海洋文化，突出了年富力强之人的权威，也突破了以家庭为单位组织远洋贸易的限制，怒海波涛中的人际关系也更为平等。为了齐心协力，大家开始信

---

① 陈凌，应丽芬.从家庭/网络家庭到企业/企业网络——家族企业成长的本土视角 [J]. 学海，2006（4）：161-166.

仰公共的众神。血缘纽带不断松弛，父权力量式微，晚年的弗洛伊德将西方民主制度的产生归因于儿子对父亲的反抗。[①]祖先不是崇拜对象，而是整个城邦都在崇敬共同的神。神将社会黏合在一起，还将居民团结在国王身边。中国的黄河流域与长江流域，土壤肥沃，天然地诞生了农耕文明和定居文化。中国的地理位置，向北是寒冷的西伯利亚，向西是无法跨越的青藏高原，向南是湿热的中南半岛，向东是碧波万顷的太平洋，因此中国向内发展很大程度受到地理环境影响。黄河与长江的咆哮和野性，时不时决堤与改道，需要强大的国家来提供统一的水利工程作为公共产品。家庭作为基本的农业生产单位，以耕地为主要生产资料，也是主要的家庭财产，实现代际传承。年复一年的农业生产，也让家中年长之人具有丰富的人力资源价值，"不听老人言，吃亏在眼前"。从此中国文化中与"老"字相关的词汇就有了很多的褒义之词，比如老练、老师、老实、老成，甚至还有老板、老总。家中老年人具有权威，年龄越大，发言权越高。儒家学说还将家庭血缘纽带扩大到国家，将父父子子的关系推及君君臣臣。因为血缘的重要性，汉语发展出清晰表达亲属关系的丰富词汇。在英文中一个单词"cousin"，对应的汉语却有"堂兄""堂弟""堂姐""堂妹""表兄""表弟""表姐""表妹"八个词语，因为中国人认为这八个称呼必须清楚地

---

① 西格蒙德·弗洛伊德.文明及其不满 [M].严志军，张沫，译.上海：上海外语教育出版社，2003.

分开。

二、功能视角下的家庭范畴：从实践到认识

我们来自家庭，我们一生为了家庭。那么什么是家庭？从结构特点看，家庭是居住在一起的，因血缘、婚姻和收养关系联系在一起的两个或两个以上的人群。从功能特点看，家庭为社会提供了什么？家庭是为社会培养孩子，实现孩子社会化的机构。从关系特点看，唯有家庭成员之间才能做到同甘共苦，高度依赖，信守承诺，彼此忠诚。[①] 其他组织只是试图像家人一样做到高度信任，最后往往是有名无实。

从核心要素看，家庭源于婚姻关系，接着是生儿育女有了血亲关系。家庭是以婚姻和血缘关系为纽带的社会生活组织方式。[②] 也有人从社会团体来理解，它是由两个或多个异性通过结婚组成，并包括其亲生或者收养的孩子。[③] 这里家庭的定义更加宽泛，具有跨文化的意味，它涵盖了那些允许一夫多妻或者一妻多夫的文化类型，并且不仅包括自然血亲，还包括了拟制血亲，即本来没有血缘关系但法律确定其地位与血亲相同的亲属，比如以收养关系进入的家庭成员。但是，看似宽泛的定义并没有能够涵盖时代变化下大家对家庭的理解。比如，是否异性男女才能组成家庭？

---

① 罗斯·埃什尔曼，理查德·布拉克罗夫特. 心理学：关于家庭（第12版）[M]. 徐晶星，译. 上海：上海人民出版社，2012.

② 潘允康. 家庭社会学 [M]. 重庆：重庆出版社，1986.

③ Murdock G P. Social Structure[M]. New York：The Free Press，1975.

近些年，已经有不少国家开放了同性婚姻，不在这个定义的范畴之内，但确实又有婚姻的多数要素。

在中国的语境里，家庭更是不容易定义的概念。"家"在中国，可谓伸缩自如。"'家里的'可以指自己的太太一个人，'家门'可以指伯叔侄子一大批，'自家人'可以包罗任何要拉入自己的圈子，表示亲热的人物。自家人的范围是因时因地可伸缩的，大到数不清，真是天下可成一家。"①

与其尝试获得能够达成广泛共识的定义，不如通过是否履行家庭功能来确定家庭。家庭就是由一群履行功能承担责任的人组成的，他们用爱来维护关系，相互抚养和照顾；是共同的经济单位和消费单位；通过生育和收养增加新群体；完成孩子的社会化；对群体成员有一定程度的社会控制。②最重要的是由第一条所引申出来的，婚姻和血缘维护着亲密关系，如果考虑到收养关系并无血亲，那么所谓的家庭应该是婚姻和亲缘所维持的亲密关系和社会组织。

回答谁是咱家的人有助于理解家庭。复旦大学沈奕斐曾做过一次调研，在幼儿园家长的某次聚餐中，她问及"屋里厢人"（家里人）应该包括谁时，收到了不一样的答案。③三个妈妈回答说是自己的父母、自己、老公还有孩子。这引起了爸爸们的不满，批评太太只顾及自己父母，公公婆婆难道就不是家里人吗？有的

---

① 费孝通.乡土中国　生育制度 [M].北京：北京大学出版社，2003.
② 大卫·切尔.家庭生活的社会学 [M].彭铟旎，译.北京：中华书局，2005.
③ 沈奕斐.个体化与家庭结构关系的重构——以上海为例 [D].上海：复旦大学，2010.

妈妈立即改口，说公公婆婆确实应该是"大家庭"的成员；但也有妈妈坚持观点，说一年到头见不到公婆两次，怎么能够算是家里人呢？而爸爸们认为，自己的父母、太太的父母，还有就是小夫妻俩以及孩子，都应该是家里人。有的爸爸还被要求照顾兄弟的孩子到上海读小学，因此侄子也是家庭成员。不少新上海人，肩负着照顾老家的责任，托管兄弟的孩子感觉像是在照顾老家的父母。而妈妈们表示了不满，坚持反对将侄子当作家里人，说要先照顾好小家，才能照顾好大家。

小到个体之家，大到国家，都带有"家"的含义。家庭可能就是马克思、恩格斯所说的不适合从概念界定出发去开展研究的领域，应该是遵循从实践到认识的过程。[①]企业家在被问及谁是家庭成员时也往往有夫妻相异的情况。家庭范围大小，决定了信任的半径，也是利他主义覆盖的范围。哪些人能够进入公司上班领工资？企业主有责任给哪些人买保险？创业家庭的丈夫也许会把自己的父母、兄弟姐妹甚至他们的孩子都列为需要关注的人；妻子也许会把她的父母、兄弟姐妹甚至他们的孩子列为她所理解的家庭成员。这些分歧不仅仅是两性各自立场上的差异，也是源于差序格局的认知。就如石子落入池塘，水面泛起涟漪，由中心也就是我们每个人自己向外延伸开去，一圈又一圈，按照与自己的远近划分亲疏。差序格局乃概括中国传统乡土社会结构和人际

---

① 马克思，恩格斯.德意志意识形态 [M] // 中共中央马克思恩格斯列宁斯大林著作编译局，编.马克思恩格斯全集（第三卷）.北京：人民出版社，1995：33.

关系的经典概念，还被郑伯埙认为是华人组织的基本结构——组织的权力结构也是由核心人物根据差序关系向外递减的。内圈就是家庭，外圈就成了家族，也许最外圈的就是国家。但是内圈和外圈的边界在哪里，仍然还是取决于圆圈中心——我们自己。如果说家庭生活即同居、合炊、共财，那么意味着一个家庭是单一的经济单位。大家靠一个钱袋来生活，每个人的勤奋劳动所得全部凑到这个钱袋，每个人的生计也全部由这个钱袋支撑，这就是家产。[①] 而家族作为家庭的拓展，虽有共同的利益，但是产权上属于多个产权单位。以血缘与姻亲为纽带的多个产权单位的集合，就是家族。[②]

按照费孝通差序格局思想的引申，典型的华人家族企业是一个以企业主为中心，家族成员与非家族成员之间、不同的家族成员之间按照与企业主亲缘、远近关系逐圈分布的"差序"同心圆结构。差序格局不仅仅是一种社会关系结构，同时在经济上还是家庭资源最主要的分配路径。家族企业实际控制人以差序格局为主要参照，在自家人、自己人和外人之间配置所有权、控制权和管理权。差序格局不仅是组织结构，还是利他主义随着同心圆外扩，浓度不断被稀释的分理机制。捐赠是超越自己的家庭让他人得益，但慈善捐赠的决策者甚至是获益方并未真的离开过"家"。在中国，从祖先崇拜到村庙信仰，体现了社会义务和情感下降但功利增多

---

① 滋贺秀三. 中国家族法原理 [M]. 张建国，李力，译. 北京：法律出版社，2003.
② 潘必胜. 中国的家族企业：所有权和控制权（1895—1956）[M]. 北京：经济科学出版社，2009.

的差序特性。①

三、工业化与家庭现代化

我国的《民法典》规定了亲属包括配偶、血亲和姻亲。配偶、父母、子女、兄弟姐妹、祖父母、外祖父母、孙子女、外孙子女为近亲属，配偶、父母、子女和其他共同生活的近亲属为家庭成员。法律界定关于家庭成员范畴的时候，特意增加了极有"弹性"的一类人：其他共同生活的近亲属。理解家庭成员，关键就在"共同生活"上了。学术界都会强调同居、合炊、共财乃家庭的要义。②③同居意味着放弃很多人身隐私权利，在有限的空间内你中有我、我中有你，人际边界已经模糊；合炊强调经济一体化；共财更是意味着经济共同体，很难分割。

一直以来，父母与未婚子女住在一起，称为"核心家庭"，又称为"原子式家庭"；如果父母与一个已完婚的儿子、儿媳住在一起，称为"主干家庭"；如果父母与已完婚的儿子们、儿媳们住在一起，称为"直系家庭"；如果父母已去世，诸子中有两人或者两人以上已经完婚，仍然居住在一起，称为"联合家庭"。后三种的家庭规模显然大于第一种"原子式家庭"。如果说"原子式家庭"算作小家庭，那么"主干家庭""直系家庭"和"联

---

① 陈婉婷，罗牧原. 信仰·差序·责任：传统宗教信仰与企业家社会责任的关系研究——基于福建民营企业家的调查 [J]. 民俗研究，2015（1）：140-148.
② Fei H. Peasant Life in China[M]. London：Routledge & Kegan Paul Ltd.，1933.
③ Cohen M. House United，House Divided：The Chinese Family in Taiwan[M]. New York：Columbia University Press，1976.

合家庭"都是大家庭。

从大家庭到小家庭，常常被认为是工业革命带来的家庭现代化的结果。改革开放以来，在我国的城市，家庭结构被认为有核心化、原子化的明显趋势；家庭的经济功能转变为更多的情感功能，就连生育和养育的功能都因市场化而下降；家庭内部也从侧重纵向的亲子主轴转变为横向的夫妻关系主轴。[①] 在广大农村，父系大家庭（家族）也在向以夫妻为轴心的核心家庭转变，似乎也在遵循着西方社会的统一变迁路径。根据乡村家庭变迁续谱理论，以单一传统农业生产的农村社会为一极，工业化生产的农村社会为另一极，组成中国农村家庭变迁的横截面续谱。在这个续谱里，工业与现代化同家庭变迁相得益彰，并以这个续谱为单一农业生产的农村社会指明未来变迁路径，并暗含了工业化过程与家庭变迁的一一对应关系。[②] 既然我国城市和农村都展示出了家庭现代化的趋势，那么家庭制度变迁似乎就应该与西方国家渐行渐近。

中国的工业化与城市化进程推动了经济社会发展，拉动了经济，改善了民生。花开两朵各表一枝，工业化和城市化对家庭、人口、心理健康带来的负面影响也是客观存在的。根据《中国统计年鉴 2021》的数据，2020 年全国人口出生率是 8.52‰，这是中华人民共和国成立以来全国人口出生率首次跌到 1% 以下。另

①杨善华. 中国城市家庭变迁中的若干理论问题 [J]. 社会学研究，1994（3）：78-83.
②雷洁琼. 改革以来中国农村婚姻家庭的新变化：转型期中国农村婚姻家庭的变迁 [M].
北京：北京大学出版社，1994.

外，根据 2022 年 1 月 17 日国家统计局举办的 2021 年国民经济运行情况新闻发布会提供的数据，2021 年，全国人口出生率为 7.52‰，人口死亡率为 7.18‰，人口净增加仅 48 万人。改革开放 40 多年，人口出生一直持续下降。虽然现在实施三孩生育政策，婚龄推迟与少子化现象依然突出。工业化与城市化使得能力强的人聚集，竞争激烈，房价提高，生活成本提高，这一定程度上增加了中低收入者结婚和生育的顾虑。工业化和城市化提高了收入，但养育孩子的代价大幅提升，多生育一个孩子使得年轻夫妇在事业和生活上的损失，要比田园乡村多很多。更重要的，城市生活相比田园生活提供了更多可能，无论是事业还是感情以及家庭生活，变数之大甚至"一切都有可能"，不少适龄男女青年干脆要再"等一等"。因为未来可期，而推迟了现在选择的现实性。因此，当下的经济因素以及对未来生活的向往，都改变了旧有的乡土时代的婚育决策。老龄化与社保负担是未来数十年工业化和城市化中国面临的巨大挑战。

家庭现代化理论是基于西方诸国家庭实践所构建的家庭模式，未必是全人类家庭的理想类型，也许家庭在现代化过程也会呈现出多样性特征。在我国，"修身齐家治国平天下"，家的治理跨越到国的治理，缺乏社会组织的治理。在家文化规则的影响下，家族氏族也部分地承担了社会细胞的功能，义学、义田、宗祠等既有公益作用也有规范人们言行的治理功能。传统文化的积淀使中国家文化的力量历久弥坚。我国历经新民主主义、资本主义和社会主义改造，中国人一旦面对新的生存环境，主导文化便被迅速更替，但传统文化在内的亚文化在各个新的阶段继续交错存在，中国家庭文化和家庭伦理的力量不可小觑，仍然保持着强大的生命力。核心家庭往往被认为是当前广大城市的最常见类型。但生育之后，年轻夫妻很难不在双方父母的帮助下独立承担育儿重任。幼儿园门口接送孩子最常见的是家中老人。核心家庭并不多见，主干家庭也较少看到。不仅如此，家庭内部亲子主轴让位于夫妻主轴，也没有足够数据的支持。

在日本有一个社会学名词"无缘社会"，指的是工业化冲击下有不少日本人无社缘——没有朋友；无血缘——没有婚姻没有孩子，即便有婚姻但是家庭关系疏离、夫妻离异，也和孩子没有交往；无地缘——与家乡关系隔离，在大城市工作和飘荡，有回不去的乡愁。日本 NHK 特别节目录制组在 2010 年初播放了《无缘社会：无缘死的冲击》纪录片，关注到每年有 3 万余名日本人去世，身份不明，没有亲人在场，被称为"无缘死"。[①]工业化与城市化联系在一起，又与老龄化、少子化相伴随，还有不少失业、不婚、离异群体，造就了一批容易与社会失去关联的"无缘死者"。在日本，这个群体在不断增加。他们与社会的联系竟然如此的脆弱。离开故土，随着物理距离的拉开，生活场景少了交集，与家乡的亲友也产生了心理上的距离，一旦走散，相见不如怀念。如若在城市里失业，失去了纽带，同事也会遗忘；如果没

---

① NHK 特别节目录制组. 无缘社会 [M]. 高培明，译. 上海：上海译文出版社，2014.

有组建家庭，或者曾经组建家庭但最终妻离子散，就容易被社会遗忘，连死亡也无人知晓。工业化与城市化过程中，总有一些人，努力回归社会、融入社会但是终究绝缘于这个社会。我国应该也有类似的现象。万千失独家庭这个群体，已经很难重生。夫妻双方健在就至少有一个伴儿，但如果老伴儿已经离开，剩下的那位，个中孤独无人诉说，大多只能坐等最后一天的来临。

四、家庭变迁路径的多元趋势

所谓的现代化理论，是指工业革命以来，以技术进步推动的经济和社会生活全方位的变化及其内在特征。现代化理论采用传统和现代的二分法，认为传统走向现代是历史趋势，关注技术对传统社会的影响，并且认为其导致的社会变迁是有益的而且是唯一的方向，后进国家也必将经历如同西方国家一样的历程。似乎，现代化历程是不可逆的，传统本身就是现代化的障碍。这种观点受到越来越多的质疑。

就连西方家庭社会学的近期研究，也不再把家庭的变迁仅仅作为工业化与现代化的简单结果。[①] 在工业革命出现以前，核心家庭就大量存在。反观现代社会，主干家庭也大量存在。所谓的传统向现代的转变，家庭结构从人口众多的大家庭转变为以婚姻关系为纽带的夫妻及未成年子女组成的核心家庭，在家庭历史学

---

① 唐灿. 家庭现代化理论及其发展的回顾与评述 [J]. 社会学研究，2010，25（3）：199-222.

的研究中就没有被证实过。所以，以家庭规模的大小判定家庭结构变迁，并且将之认定是家庭变迁的唯一特质，显然是有问题的。那么，将家庭关系的转变作为判断家庭变迁的依据是否可行呢？有不少人认为当下男女平等意识增强，家庭和亲属的家庭父权及其派生的单系——父系制度，让位于家庭和亲属的双系制度。尽管过去妻子承担家务的比重出现了下降，夫妻共同承担家务的比重上升，但是以家务劳动作为家庭夫妻关系从"夫唱妇随"转而"夫妻平等"的表征存在争议。工业化过程中，尽管妻子的收入随着劳动参工率上升而明显提高，但夫妻中谁更有实权，并不受夫妻收入差异的影响，更多是由其他非经济因素导致。[1]女性承担更多的养育责任，仍然有比男性配偶更高的不公平感。[2]家庭内部夫妻关系趋于传统，即家庭最终的决定权仍在男性手中，还是已经实现了平权？丈夫和妻子的回答可能有差异。即便在中国，仍然有各地不同的亚文化，家庭权力结构变迁进度并非一致。

世界各国都要遵循的这种一元路径值得怀疑，每个国家的历史、种族、文化、意识形态和传统的力量不能被低估。家庭变迁的路径会出现复杂性和多元格局，传统和现代之间可能存在更多的兼容及互相补充。广大的核心家庭能够完全脱离亲属群体而孤立存在的观点值得商榷。核心家庭继续存在于家庭网络内，家族

① 沈崇麟. 变迁中的城乡家庭 [M]. 重庆：重庆大学出版社，2009.
② 徐安琪. 上海女性的家庭生活质量和地位——60年回眸 [C]// 上海社会科学院家庭研究中心，编. 中国家庭研究（第五卷）. 上海：上海社会科学院出版社，2010：97-130.

继续承担着经济支持、情感交流的功能。关系网络上各节点核心家庭之间的互动是肉眼可见的，尽管这个网络对家庭的控制力和绝对的影响力已经慢慢失去。因此，以往家庭结构的分类——核心家庭、主干家庭、直系家庭、联合家庭在我国可能是僵尸性的存在，[①] 失去了分析真实世界的活力和能力，很少有真实家庭一一对应着这种分类。家庭类型早已形似神不似，比如改革开放前后家里祖母的角色已不可同日而语。我们的父母也可能是最后一代传统的父母，农耕文明里的传统知识急剧贬值，在新科技革命面前感到无力，买票、打车、订餐都少不了互联网，他们反而对子女有了更大的依赖，从知识层面对子女的权威控制明显减少。

个体的选择并非想象中那样能够自主决定，它是在具体的语境下与家人互动、协商、妥协过程中形成的。每个人既受家庭影响，还受社会影响，如学校的老师、同学或者单位的领导、同事。那些年龄相仿、兴趣爱好相同、背景经历相似、隶属相同社团的人，给人的影响尤其大，这又叫伙伴压力（peer pressure）。这些同辈之人是同僚、是同窗、是同盟，互相认同、互相支持，因为归属感的需要，我们对这些人的观点特别重视。美国社会学研究发现，学校里男生读书不如女生可能是因为男生容易被同伴拖垮。[②] 学习好的男生往往安静不浮躁且好阅读，而这些表现容易被贴上

---

① 沈奕斐. 个体家庭 IFamily：中国城市现代化进程中的个体、家庭与国家 [M]. 上海：上海三联书店，2013.
② Legewie J, DiPrete T A. School Context and the Gender Gap in Educational Achievement[J]. American Sociological Review, 2012, 77（3）：463-485.

娘娘腔的标签，这也就意味着学习好是与男性气概、雄性气息冲突矛盾的。那些原来想读书的男孩子担心被同伴抛弃，一起选择了不读书；反之，女性不易被脸谱化，阴柔固然正常，阳刚也会觉得很"man"（勇担责任、有安全感），不会感到羞愧。可见，女生的同伴压力可以支持女生好好学习。在没有建立强大的自尊和自信之前，青春期的男性更容易受到外部社会影响，比如在阳光暴晒下的大学校园里没有几个男生撑伞，因为他们觉得撑伞会被人笑话。有意思的是，如果男生是给他女朋友撑伞，又会被普遍认可。学习社会潜规则或显规则发展自我、改变自我实现社会认知，这就是每个人的社会化。然而，个体与社会的交互过程是从家庭开始的。

从传统到现代的变迁过程中，工业和城市化发展作为家庭变迁的决定力量，不应被过分看重，因为家庭变迁与工业化本身是互相对应的平行体系。17 世纪，在西欧广大农村以及部分城市，是自然经济向资本主义转变的过渡期，家庭提供了新式工业所需要的劳动力，组织其成员向工业中心和大城市迁移，加速了工业化的进程。但值得一提的，广大家庭仍然是传统的守护者，给家庭成员提供文化习俗和精神世界的连续感，为那些参与社会分工并且因变革带来焦虑感的人提供赖以依托的温暖港湾。当传统意识形态与工业化、非人格化交易发生冲突时，家庭可以增进家人精神世界的弹性，使风俗习惯与社会组织纪律和效率规则能够相容。

是否跟已经结婚的孩子继续生活，不仅仅是两代人的事，也不仅仅是经济问题，更是制度环境问题及显性外化的法律问题。秦孝公重用商鞅推行变法，为了保证没有大宗大族能够抗衡皇权，推行了严厉的分户析居的政策，有规定："民有二男以上不分异者，倍其赋。"西汉的汉武帝刘彻忌惮诸侯王的实力而执行"推恩令"，强制诸侯王的土地由众多孩子平分，这就是"诸子均分"。如此这般，连过数代之后，每个子孙后代都能拥有一些土地但没有足够的财产能够抗衡皇帝。三国的刘备，是中山靖王之后，乃汉武帝的玄孙，但到了他这一代只能是越分越小，靠织席贩履为业，生活非常艰苦。到了东汉，则是从儒家伦理鼓励数代成员都同居共财，讽刺那些"举孝廉，父别居"的家族，社会再次进入大家庭的时代。

第二章　描绘家庭

改革开放已经 40 多年，20 世纪八九十年代创业的第一代民营企业家多数已到花甲之年，中国民营企业正在进入传承换代的重要历史时刻。如此大规模的集体换帅，是其他国家没有经历过的，也是我国历史上绝无仅有的。家族企业传承事关千百万家庭的幸福，也事关中国经济的可持续发展。企业准备好了吗？企业家们准备好了吗？家族准备好了吗？中国儒家文化重视家庭，修身齐家治国平天下，家庭是重要的一环。但是，经常听到很多企业家的感言，创业艰辛虽有成绩，但没有承担好做父亲或者做母亲，做丈夫或者做妻子的责任。很多功成名就的企业家，感叹有了企业没了家。

如何揭示家庭关系、家庭动力、家族资源，家谱图是分析传承挑战的工具。家谱图用于系统家庭治疗，以图的形式描述血亲关系和婚姻关系。作为研究者、学习者，利用家谱图上的信息，分析家庭结构和家庭关系模式，探索来访者的困扰或问题。虽然，家谱图还不能像菜谱那样简单易懂，也远未达到临床预测工具的程度，但是家谱图可以有效提高心理咨询师、心理医生以及我们每个人的感知能力，更敏锐捕捉到导致家族问题的原因，并能够找到家庭功能康复的关键资源。家谱图尤其提供了家庭系统研究更宏观的视角，发现有别于他人家庭的重要特质。家谱图至少要展示三代所有家庭成员的年龄、性别、职业、岗位、婚姻、出生顺序、受教育水平、人际关系等方面的信息，还包括重大家庭事件、重要身体疾病，这是能够涵括时间和空间的系统视角，让历史说话，帮助消除来访者强烈的情绪表象，找出关系的病症并努力实现正常化。① 应该说，家谱图是汇总家庭信息、展示家庭模式的最简洁方式。在家谱图旁的适当地方，还要以家庭大事年表予以补充使用。

这里的家庭已不是通过同居、合炊、共财来定义的原子式核心家庭，而是具有共同的血缘和亲缘关系，共享文化、法律与习俗，拥有共同的情感经验并期待共创未来而紧密联系在一起的人群。成员在生理、文化和情感方面非常紧密地联系在一起。人们因为高互动性，已经形成了模式化和重复性的关系。② 更有意思的是，家庭模式会代际重复。发生在这一代人身上的关系会在下一代人身上再次出现。家谱图就是将这个家庭习以为常的模式展示出来。家谱图的研究者发现家庭历史的再现，在不同家庭成员身上出现的遭遇，都不是偶然的。随机表象背后是系统上的关联。症状的

① Carter B，Mcgoldrick M. The Expanded Family Life Cycle：Individual，Family，and Social Perspectives[M]. New York：Allyn & Bacon，1999.
② 莫妮卡·麦戈德里克，兰迪·格尔森，苏艾丽·佩特里. 家谱图: 评估与干预 [M]. 谢中垚，译. 北京: 当代中国出版社，2015.

发生可能是抱团式的，夫妻冲突、两代紧张、事业停滞等同时发生。处在关口的家庭能否往前走，进入下一个家庭阶段，要看重新组织家庭关系的内在能力，尤其是有人必须做出实质性的改变。

家谱图分为三类，即基本家谱图、距离家谱图、细节家谱图。就像一幅年画，有勾、刻、印、画、裱五道工序，完整家谱图也由基本、距离和细节三个层面来不断叠加，最终反映出家庭结构的基本状况，反映家庭成员之间的关系模式，还能够将发生在家庭中的一些生活事件等放在家谱图的框架中。

一、基本家谱

基本家谱的核心内容是谁（who）、何时（when）、发生了什么（what happened）。这里主要是描述家庭成员的姓名、性别、出生日期及死亡日期（也可以只注明年龄，但要在家谱图底部注出画此家谱图的具体时间）、家庭成员的婚姻状况（包括结婚、离婚、再婚）等。使用家谱图可以使这些信息一目了然。最常见的标识可以参照麦戈德里克等学者在《家谱图：评估与干预》中提到的绘制方法。

常见的家庭源于一男一女的婚姻，方框表示男性，圆圈表示女性，实线相连表示婚姻，通常在实线之上或者之下会标注结婚年份。如果出现了分居，则在夫妻连线上有一个"/"标记；如果是离婚则用"//"标示。当然分居可能会复合，离婚也可能复婚，那么用相反方向的小线段予以取消，比如分居后的复合是用"×"

来表示。如果两人只是在谈恋爱或者同居关系,以虚线"……"相连接,若干时间后成婚则是以实线"——"相连接。有了子女后,一般按照年长在左边、年幼在右边进行排列,通过纵向的实线与父母的横向连线相交。如果是领养的孩子,则用实线与虚线双线来表示。还有一些标记适用于一些特殊家庭成员的情况,比如具有海外留学背景的孩子学成回国,需要用单波浪线表示跨文化背景的熏陶,如果是双波浪线则意味着已经移民海外。还有的家庭成员在其方框或者圆圈的旁边标注"S"或者"O"分别表示吸烟者(smoker)和肥胖症(obesity)。在保险领域,吸烟与否极大地影响投保费用。在家族企业传承领域,吸烟也是关于身体健康与否的重要信息。

参照图 2-1,闫氏家族的构成情况首先是关于"who"(谁)的问题。吸烟的闫总与太太邓女士于 1984 年结婚,用方框"□"表示男性,圆圈"○"表示女性,用实线表示婚姻关系,M 表示结婚年份,这就是"when"(何时)。有了共同的女儿,为第二代家族成员。但是,该家庭复杂在于闫总在 1992 年离异,时间要标示家庭结构变化的特殊时刻,即该时刻某位家族成员离开家庭。闫总在 1993 年再婚,并育有一子(并非继子),有意思的是该家庭成员是随妈妈姓。小闫总(彭先生)曾经海外留学。第二代中的闫女士结婚,并有了家族的第三代家族成员 YY,而且是跟着妈妈姓。

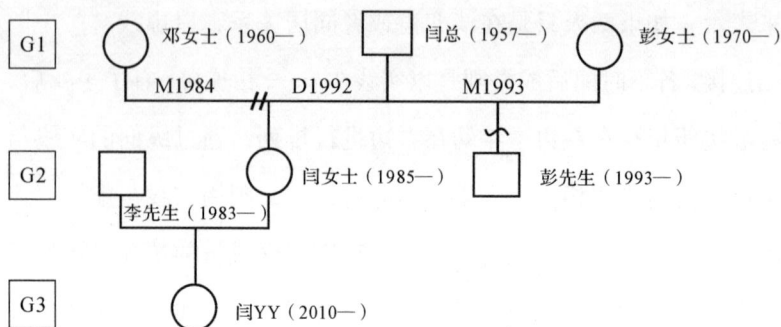

图 2-1　闫氏家族三代人的基本谱系

二、距离家谱

距离家谱图是基本家谱图的扩展，描述了家庭系统中的人际关系。这里所说的距离不是地理上的距离，而是心理上和情感上的距离。距离家谱图可以帮助咨询员和来访者看到在他们的家庭中，家庭成员彼此之间的亲疏关系或冲突关系，发现家庭中人际关系的模式。

如图 2-2 所示的人际关系的简单画法，家庭成员之间有融合的关系，三条平行线段表示情感纠缠；用锯齿表示敌对关系；用虚线表示疏离关系。按照穆雷·鲍文的观点，有人拼命地想逃离原生家庭，号称脱离关系，称为情感断绝（cutoff），当然那些想离家出走的人往往带着愤怒，也就是在眼下，内心没有逃脱隐形的"家庭篱笆"。在图形上用箭头中间隔断来表示。涉及身体上虐待的关系用锯齿形加上实的三角表示施加方向，精神上虐待的虽然也是锯齿形，但是用空白三角来表示方向。性虐待则是在身体虐待的锯齿形两侧加上平行线段。

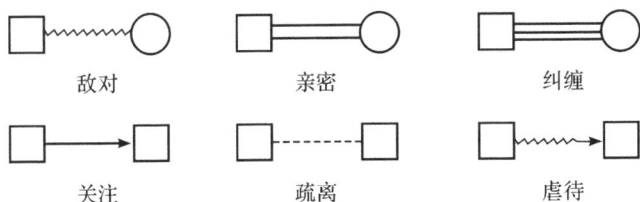

图 2-2　人际关系的简单画法

在闫氏家族案例中,在基本家谱基础上可以增加距离家谱(见图 2-3),闫氏家族显而易见的是闫女士和妈妈联合对抗后妈的关系,用三条线表示互相融合的母女关系,用锯齿形表示邓女士和彭女士的敌对关系。而闫总因为对女儿的亏欠感,用两条直线建立连接。现任妻子彭女士的重点是关注亲生儿子彭先生的成长。

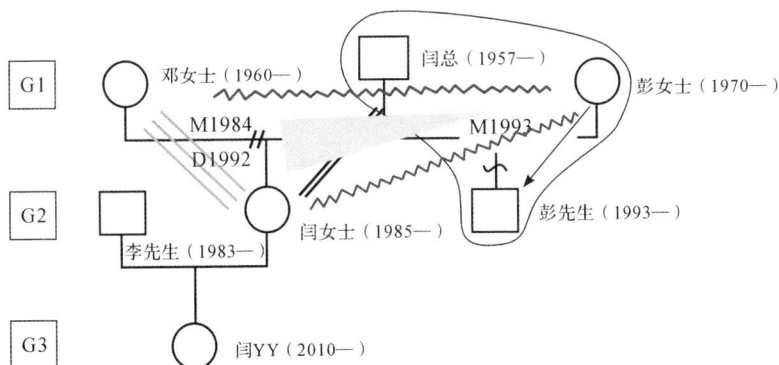

图 2-3　闫氏家族三代人的基本家谱与距离家谱

三、细节家谱

细节家谱是在基本家谱图的基础上，增加了更多的家庭成员的信息。作为第三层次的家谱，并没有特定的要求和规则，其主要是包括了发生在家庭中的一些特定的生活事件，但这些事件对家族传承有重要影响。家庭成员的健康问题特别是一些重大的疾病或医疗事件（如家庭中有成员得慢性疾病或有成员得不治之症等），主要的人格特征，不寻常的境遇或巧合，家庭成员的角色和家庭的传统、信念、禁忌等，都可以包括在细节家谱图中。许多有意义的内容都可以填入细节家谱图，见图2-4中的特定状况。

| 身心疾病 | 身心疾病恢复中 | 酗酒或吸毒 | 戒酒或戒毒中 |

图 2-4　个人特定状况的画法

在闫氏案例中（见图2-5），闫总个人持股60%，前妻、现任妻子、女儿、儿子都各持有10%的股份，不利于传承。儿子和女儿分别主管制造业和三产，"分槽喂马"有利于传承。尤其是，闫总因为心血管疾病曾经昏倒在公司，在方框中一半涂黑，表明了健康状况，暗示了传承的紧迫性。如果那一次昏倒后再没有醒来，家族的纷争可能白热化和公开化，不利于企业的发展，损害家庭、供应商、客户、地方政府等重要利益相关者的利益。

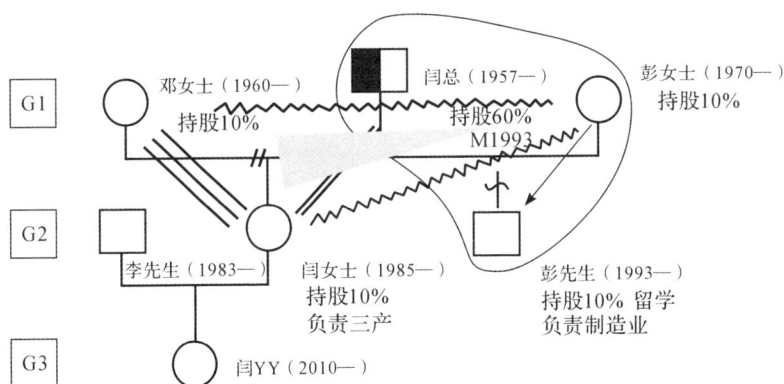

图 2-5 闫氏家族传承分析家谱

医学利用家谱图探索遗传疾病的代际延续，分析精神疾病的家庭原因。自从家谱图有了基本家谱、细节家谱和距离家谱三个层次，不仅揭示家庭内部的婚姻与血缘关系，还展示家庭成员的自我认知、亲密关系和角色分工，找到影响企业经营的家庭系统动力（family dynamics）。通过闫氏家族的案例，分析复杂家庭的传承挑战。借助穆雷·鲍文精神分析学的三角化理论（triangle relationship），两个具有亲密关系的家族成员如果出现紧张关系，弱势一方会拉拢第三位家族成员组建联盟对抗强者。闫氏家族里，闫女士与妈妈邓女士联盟对抗后妈，导致第二代同父异母的家族成员虽有血缘关系、性别分工，但是有严重的情感疏离，同时第一代家族成员较分散的股权安排，为闫氏家族传承失败埋下隐患。忽视家族文化建设，进而夫妻情感破裂、婚姻重组以及相应的股权稀释带来的控制权争夺是"富不过三代"的常见原因。

四、透过家谱图解读家庭结构

家谱图展示了夫妻关系和子女情况。夫妻可以分成若干类型：有的丈夫比妻子年龄大，有的妻子比丈夫年龄更大；有的夫妻和睦，有的夫妻离婚而变成单亲家庭；有的是初婚家庭，有的是重组家庭。有一些常见的现象，单亲家庭往往面临配偶缺失带来的孤独与经济上的压力，更因为独立承担子女抚养可能身心俱疲。单亲家庭能够维持多久很难说，尤其是经济条件比较宽裕的高净值人群，经济能力是实现家庭重组的重要砝码。重组家庭是因为丧偶或者离异而再婚的家庭，有原来子女的接纳问题、新家庭成员的融入障碍，也有重组的经济合作与掌控难题，还有不同子女的未来工作分工和财富继承等一系列挑战。再婚家庭的偏爱、嫉妒、忠诚会让财富即使宽裕的家庭都有可能面对资源相对稀缺及不平衡的麻烦。离异再婚家庭的联盟之多，让人瞠目结舌：比如孩子与父亲建立联盟对抗外来的继母，孩子与母亲建立联盟对抗父亲，孩子与母亲建立联盟对抗继母，丈夫与新妻联合起来对抗前妻，等等。孩子会理想化不在身边的家长，怪罪抚养的家长，更担心这个家长被外人抢跑。再婚家庭之难，不在于每个人的性格，而在于家庭结构和由此带来的复杂家庭关系。

家谱图不仅展示了配偶构成，还能揭示兄弟姐妹的同胞关系。出生顺序对情绪特质、家庭角色都有重要影响。长子或者长女的责任心强,对弟弟妹妹的掌控惯性大,毕竟父母要求他从小就替代管教弟弟妹妹;幼子更有孩子气,也有不少的叛逆,因为兄姐留给自己的空间不多,就有了不少吸引父母关注的"创意",情商就较高。独生子女一直没有他人可以商量和依靠,得到全部的父母和祖辈关爱,但更早承担家庭责任,既有长子长女的责任感,也有幼子幼女的叛逆。出生顺序之外,每个家庭都有自己的特殊事件和特殊日子。比如某个家庭成员出现意外,如长子夭折,第二个孩子会被寄予更多的关爱,弥补家庭的缺失。在多子女家庭,父母会对某个孩子偏爱,这种偏爱可能是性别原因,可能是顺序问题,也可能是这个孩子特殊的情商与智商。在有限的家庭资源与父母关爱情况下,很多家庭将重心放在某个最有"回报潜能"的孩子身上,符合经济效率的原则。同胞嫉妒与同胞竞争会延续到子女长大成人后的关系。也有的偏爱或厌恶可能会很偶然,例如有一个妈妈不喜欢大女儿,原因竟然是大女儿像极了她讨厌的婆婆,母女怎么都亲近不起来。

家谱图展示了横向截面的家庭成员,也能够看出历史视角下家庭成员的变化,正如时间列车有人上也有人下,成员生老病死在变化,家庭在不断延续。家庭会经历持续的变化,像一个人的生命周期一样,家庭也有这样的生命周期:从年轻夫妇的结婚,到产子有了新的家庭成员,青春期孩子的教育,孩子成人离开原生家庭,夫妇的退休、患病与离世。专业人士看家谱图能够发现当前家庭所处阶段以及共性的当前挑战。家谱图就像里程碑,我们自己可以对发展阶段有清楚的认识，并筹划是否已经准备好进入下一个阶段。当然，不同家庭成员在不同阶段有着各自的适应性问题。刚生育的年轻夫妇，面临双方家长帮助抚育孩子而涉入小两口生活的挑战；上中学的孩子面临突破原生家庭的叛逆共性；孩子到了成年但迟迟没有婚嫁，中国父母会产生严重焦虑；孩子结婚生子后会搬离，从主干家庭回到夫妻原子式家庭，加上"空巢老人"的标签，有了"老伴儿"的称呼。

家庭治疗师或者心理学家试图从家谱图和家庭大事记挖掘出家庭成员自己没有发现的家庭动力。家庭成员性格乖张可能不是他本人的问题，而是家庭教育与夫妻关系的缘故；青少年在校期间与"坏孩子"为伍，可能是因为缺乏安全感；子女太早或者太晚的婚嫁，可能也不是年轻人自己个人的偏好，太早结婚是不是想尽早离开原生家庭，迟迟不结婚是不是家庭连接的禁锢，离开家庭是否视为对父母的背叛，或者担心自己离开后父母关系会恶化。当家庭功能不全或者家庭生命周期有别于常态时，治疗师要致力于发现家庭应对家庭发展演化的能力缺失，找到核心的家庭关系并让大家意识到可能的后果。

五、透过家谱图解读家庭模式

所谓家庭模式是长辈与子女的关系，其实质是爱的表现方式，是人和人之间的距离。从直观上看，父母与未成年子女是核心家庭模式；子女成年甚至已经结婚后，仍然与父母住一起则是主干家庭模式；如果兄弟姐妹成年后各自婚嫁但是仍然居住在一起，则是直系家庭模式或者联合家庭模式，或者称为大家庭或者家族。在这些基本的家庭模式之外，有单亲家庭、重组家庭、丁克家庭、空巢家庭。由于计划生育政策的原因，还出现了"421"模式，即夫妻俩与各自爸爸妈妈都居住在一起，这对夫妻还在养育一个未成年孩子。这种家庭模式揭示出沉重的赡养责任。

总的来说，家庭成员之间可以很亲近，也可以很疏远，或者介于两者之间。疏远的家人之间没有共同的情感连接，也缺乏价值观去共享，话不投机半句多，要么争吵要么断绝关系。另一个极端是情感融合，这种黏性不仅仅是有福同享、有难同当，而是一种互相纠缠，没了自己的空间。情感融合的近义词，在穆雷·鲍文看来是分化水平较低，在玛格丽特·马勒看来则是分离与个体化程度不高。母子的同盟意味着父子的冲突，成为消极的三角化关系模式。也有的家庭，父亲打骂儿子，妈妈参与进来，责备爸爸严厉，安慰孩子。严厉的爸爸与慈爱的妈妈之间是明显的互补角色，但是也因此决定了孩子每次犯错总能从妈妈这里逃脱责任。改变孩子行为必须先在家庭中解冻关系。电视剧《都挺好》中女儿苏明玉与哥哥苏明成在同胞竞争时，父亲总是缺失，假装没有看到，不参与解决问题，母亲则总是帮助自己的儿子打压女儿。女儿无法忍受紧张关系，愤而离开家庭在外十多年，直到母亲去世才回到那个不温暖的家。

保持良好功能的家庭，成员之间的关系是有弹性且互相补位的：喜欢社交的先生往往有一个顾家的太太稳定后方，古板负责的兄长往往带着一个逍遥闲逛的弟弟来平衡。家人的家庭角色和性格特征很多是动态弹性的：孩子生病，那位喜欢社交的先生会守在身边照顾家小，支持太太去打听医疗信息；负责的兄长如果身陷囹圄，游手好闲的弟弟会立即补位，踏实肯干、承担家庭责任，确保家庭功能的稳定。通过家谱图，也能看出有的家庭并不是弹性平衡，而是刻板固化。一个家庭，被保护者永远处于被保护的状态，照顾者永远是照顾者，长此以往，照顾者陷入重重压力，有的已成习惯不自知，有的咬紧牙关算着倒计时，更有不少陷入崩溃，将家庭带入漩涡。家庭治疗师要关注到这种失衡状态，与家庭一起调整关系、恢复功能。

最后不得不提的是，家谱图也有很多力所不逮的地方。在家族企业，家族成员的岗位并不一定能够一一对应权力，很多一代企业家为了满足二代的自尊心，但又担心真的交给二代会导致企业的航船触礁，往往让二代担任董事长，自己担任总经理。有的企业，即便二代既是董事长又是总经理，一代企业家仍每天在公司上班，下属们仍然知道权力仍旧在一代企业家那里。在中国很多民营企业，签字权才是判断权力归属的重要指针，但这无法在家谱图里体现出来。家谱图的另一困难是关于家庭秘密的展示，这些家庭秘密影响家庭成员的行为，而且有多个秘密串在一起，大家普遍避免讨论到这样的问题。该秘密对大家关系的影响更不容易探测出来。类似的还有同事、闺蜜、邻居、社会团体等，他们也许对这个家庭的某些成员都有巨大影响，但是作为利益相关者而不是家庭成员，不见得能够通过家谱图展示。

第三章　原生家庭

　　一个"妈宝男"经过无数次相亲，最后在看得上自己的两个女孩子之间纠结。一个女孩是活泼外向、强势有主见，看不得小伙子的犹犹豫豫，约会时到哪里吃饭吃什么，干脆都由女孩子做决定。有时候女孩主动牵着小伙子的手过熙熙攘攘的马路，让"妈宝男"依稀看到"妈妈"的影子，跟她相处很是安逸自在。另一个女孩子，则是娇小玲珑、轻声细语，一副娇滴滴的样子，似乎自己都照顾不好自己的生活，让小伙子头一回有了做哥哥的感觉，男子汉雄心爆棚，这种感受令他很是痴迷。

　　妈宝男的原生家庭塑造了性格。他习惯妈妈"管"、爸爸"被管"的家庭分工模式，第一个女孩子的性格与妈妈有几分相似。他自然将原生家庭中妈妈的形象投射到女朋友身上，在谈恋爱时期，自觉地代入了"弟弟"的角色之中。假以时日，若跟这个女孩结婚，婚后就是"儿子"的角色。第二个女孩子对他也有吸引力，同样是因为原生家庭的影响。小时候无法实现的欲望，终于在第二个女孩子这里得到满足感。他想做自己生命的主宰者，掌控恋爱中的男女关系，对父亲的懦弱和无能表示不满，想重新定义婚姻中两性的地位。

外人无法为小伙子做选择，但能够理解他的纠结。原生家庭，决定了每个人的"出厂参数"。父母既是设计师，也是教练，从"三观"到行事风格，言传身教，潜移默化。有的人感恩父母，怀念父母，如果有下辈子，还是想做父母的孩子；但也有人不认同父母，觉得深受其害，甚至觉得如果有机会可以选择，希望不要出生在这样的家庭。那些看出父母问题，并且发誓要与父母行为方式诀别的孩子，不断告诫自己要小心谨慎，避免落入父母的窠臼。但是，不少案例显示，这样的努力可能是徒劳的，自己越来越成为自己早期所讨厌的样子。孩子终究成为父母的"复印件"。尤其是在外人看来，不是一家人不进一家门，一个德性。

当然，如果说每个孩子都是父母的模子刻出来的，那也有些言过其实。人有两次生命，第一次是父母亲给予的，因为感恩父母的养育、因为模仿父母在心中的权威，孩子们认同父母，举手投足学习父母；第二次生命是回归内心，做回真实的自己，甚至必要的时候，在某些方面与父母决裂。可以说，原生家庭至少影响孩子的半生。为了帮助孩子找到自己的内生价值，父母必须学会适时放手，完成孩子的分离与个体化。毕竟，父母只能陪伴子女一程，而不能伴其一生。父母给予了孩子生命，但并不拥有对孩子的所有产权。父母用生命在养育的孩子，必然要离开父母。龙应台说过，所谓父女母子一场，就是不断目送他的背影渐行渐远，直到他消失在路的拐角。背影告诉你，不必追。龙应台的告诚是有道理的，如今很多的纠缠不是孩子对父母，而是父母紧紧抓住孩子不放手。

　　父亲：你不结婚，我就一直操心。天天想着你的事，晚上睡不着觉。将来谁照顾你？

　　女儿：睡不着那是你的事。你这样操心，我也不会感激你。你如果身体垮了，我只有请假把你送医院。

　　父亲：怎么有这样的孩子？……

克制的父母懂得适时退出，让孩子在心理上脱离对家庭的依赖，去形成有别于父母的独立个体，尽管当下家庭是为人父母者所苦心经营的爱巢和港湾。理性的时候，父母会明确代际界限，不要强加太多的个人观念给孩子，让他们自己去社会上感知、琢磨并最终形成自己的处世方式。不过，感性的时候，因为紧张关系，夫妻弱势一方往往主动拉拢其他家族成员，尤其是那些尚未完成分离与个体化、没有独立人格的孩子加入自己的阵营，来完成对强势一方的对峙，构成家庭中常见的三角化。因为焦虑得以缓解，家庭看似稳定，但是让子女加入战团，以代际界限变模糊为代价，最终损害孩子的分离与个体化进程。不少成年的子女还是将父母的恩怨背负在自己的身上，承担本不属于自己的责任，终究无法离开原生家庭自由构建属于自己的天地。对这些孩子而言，从里到外，原生家庭的篱笆迟迟推不开，尽管那里并没有上锁。

　　我们无法改变谁是我们的父母，但是我们可以改变自己，用心经营我们这代人自己的家。

一、出生柔弱与母子恩情

跟其他哺乳动物相比，婴幼儿时期的人类是能力最弱的。呱呱坠地，小婴儿不能站立、不能翻身、不能仰脖子……单说视力，出生时的宝宝眼球发育就很不健全，甚至可以说是不及格。目光所及基本是空洞无物，看不见哪怕 20 厘米之外的东西，眼珠子的转动只有有限的 45 度，视神经和大脑都不发达，无法判断任何外部的威胁。形成跟成人差不多的视觉与视野，至少要等到大约 1 周岁的时候。可以说，刚出生的孩子除了舌头和上颚挤压动作也就是吮吸，几乎没有生存能力。个体心理学家阿德勒认为，每个人刚出生都无法脱离他人而活，这种无力感从侧面看，就是人人都有自卑感。[1]

这么弱小的人类，长大后却能够成为地球的主宰。虽然没有豹子的速度、狮子的力量、猴子的敏捷，但是人类却能够把这些动物关在动物园供人观赏。成长的 20 年里，从根本无法抵御任何野兽，到驱羊搏虎、设陷阱抓野兽，善用工具，人的能力突飞猛进，超过其他任何物种。

[1] 阿尔弗雷德·阿德勒（1870—1937）认为人格是在战胜自卑、追求卓越的过程中发展起来的。每个人都是有缺陷的，有的人选择逃避、自我堕落，也有的奋发图强、追求优越。阿德勒强调尊严、价值和自我实现，是人本主义心理学的先驱。他虽然是弗洛伊德的早期同事，但反对弗洛伊德过于强调性驱动与生物学本能，最终分道扬镳。他关注社会环境如家庭、学校对孩子的影响，他还发现人类不是环境或者遗传的简单接受者，人类可以选择生活方式有目的地生活。相对于弗洛伊德的无意识人格，阿德勒强调人是有意识的存在物，因此也被公认为个体心理学的创始人。

人类为什么没有像其他动物一样，生下来就有很强的独立能力？能否说人类的幼儿个个都是早产儿？《人类简史》的作者赫拉利提出了这样的假说：因为要直立行走，女性的骨盆就相对较小，唯有小个子、柔软也就是虚弱的婴儿才能得以顺利生育。为此，自然演化的结果是必须让幼儿很虚弱，必须由母亲来关爱、来教养。更有意思的是，相较于男性，女性发育开始得更早，但是大脑完成发育却更晚，这也意味着女性的大脑前额叶迟迟不成熟，女性的情绪状况和精神状况更加脆弱，相较于男性更容易受环境影响。

从手无缚鸡之力到能够上天入地，婴幼儿成长离不开父母尤其是母亲的养育，既有无微不至、有求必应的关爱，也有谆谆善诱、语重心长的教导。人类能力强，破坏力也就大，必须有适当的教导和规范以适应社会，才能便利社会合作。也唯有父母言传身教才能起到最大的效果。父母与孩子（更主要是母子）的亲密关系以及由此带来的两代恩情，让孩子对父母产生尊重感，进而有了孝心和孝道。孝道文化还从个人、家庭推及外面的社会，"小孝孝于亲，大孝孝于民"，成为社会治理的家庭基础。因此，从生物进化的视角看，为什么唯独人类出生时能力如此之弱？因为人类特别需要母亲的关爱以及由此产生的孩子对母亲的恩情。爱与合作构成了人类社会的基础。

因此，能够抓野兽的人类，破坏力很强，却能够守规矩、互相合作，得益于家庭教育，得益于母子亲情，因为幼时对母亲的依赖产生的恩情，使得人类大脑前额皮质的腹侧——负责情感的部分——能够得到充分的发育，这个部位让人产生同情共感和恻隐之心。对母亲的依赖也是双刃剑，过度亲密使得思想无法成长个体无法独立，也是影响一生。

母子的亲密关系并非只有母亲对孩子无微不至的关心，孩子照单全收，母亲给孩子生命，但更是一个全新的、不属于自己的生命，并且最终要离开自己完成分离与个体化。分离是自己能够区分我与母亲，认识到我与其他人都有差别；个体化是一种独立个体的感觉，是内在自主性的体现。从温暖的子宫出生，就实现了第一次母子分离，但是一般来说，孩子出生后的前三个月，无法区分母亲和自己。十月怀胎是母子连体，出生之后继续母子连心，母亲响应着宝宝的每一种需求，虽然没有语言的沟通，但是总能舒缓宝宝的不适，从而让孩子产生"母亲就是我"这样的合一性错觉。这是事实分娩实现分离而心理继续合一的一种滞后状态，是子宫内母子相依为命的延续，但是很快随着大脑的发育，孩子意识到母亲与自己是不同的，从而开始了显性的分离与个体化，或者说从生物诞生进入了心理诞生。

二、母子关系：溺爱是怎么来的？

每个儿童节，杨慧都要带女儿雨彤去商场买两身新裙子。尽管商场专柜比网上或者服装市场要贵很多，小孩子长身体也很快，一年后再穿就太小了，但是母亲总觉得应该给宝贝女儿买有品牌的漂亮裙子。放假前，杨慧已经去商场逛了逛，顺便看了看自己可以穿的女装楼层，确实不便宜。"我买这么贵的衣服，是不是太浪费了？"最后还是通过网络的直播购物把自己的衣服买齐了。但对于女儿，母亲杨慧总觉得应该买贵的，"女儿不是应该富养吗？"

　　每年服装总是推陈出新，流行款式令人应接不暇，但是还在读小学的女孩子穿的裙子其实种类变化并不大。公主裙、牛仔裙、背心裙、A字裙、礼服裙，这几种裙子的风格，占据了女童衣服专柜众多品牌的多数。杨慧带着雨彤在各家店里逛着，有的仅仅摸摸材质，有的在镜子前比照一下也都放下了，少数几件衣服还让女儿试穿看看。最后，还是在某品牌的公主裙边上停住了脚步。眼看母亲准备买下这一件，雨彤弱弱地说了一句："妈妈，又是公主裙啊。"杨慧这才意识到，好像去年买的是公主裙，前年也是公主裙，似乎每年夏天都会有一件公主裙。杨慧回了一句："雨彤，公主裙不是挺好看的吗？"虽然嘴巴这么回答，但母亲心里确实意识到，在夏天公主裙的材质是不大透气，蛮热的。雨彤涨红了脸，不敢说话了。半晌才回了一句："嗯，这个，好看是好看的。"这么多年，母亲怎么安排衣服，孩子怎么穿，好像也没有征求过孩子的意见。"我说好看就好看，女儿穿上就是了。"这是母亲的潜意识。

　　一旦想到了这一层，杨慧开始反省了。当我们问孩子，这个食品好不好吃，这件衣服好不好看，这个玩具好不好玩，这个经历是否开心，等等，我们几乎每次都得到了正面的回答。孩子真的喜欢我们给他们做的选择吗？孩子们说开心，会不会是希望父母开心。如果按照内心，回答自己现在并不满意，父母会不会失望，会不会暴跳如雷，会不会被父母说成没有良心？

文学评论家卞之琳说过一句话：你站在桥上看风景，看风景的人在楼上看你。明月装饰了你的窗子，你装饰了别人的梦。①

母亲为了女儿的快乐，女儿也知道如何安慰母亲。父母在观察孩子，孩子也在观察父母。但论谁关注谁更多一些，有人说，当然是父母更加关注孩子，尤其是未成年孩子。只想吃喝玩乐的小孩子们，看似沉浸在自己的世界里，其实未必。如若是父母管着孩子，尤其是圈在家中、围在安全范围之内的孩子来说，他们都是被监管对象，生存资源来自父母。

11岁的雨彤自记事以来，母亲每年都会给她买裙子，而且每年都有一件公主裙。秋后就是六年级的雨彤已经1.65米了，在女生中可谓鹤立鸡群，个头甚至都比一般的男生高。母亲似乎忽视了雨彤好动活泼、有些假小子的大大咧咧的性格，是否还适合公主裙。

母亲为什么这么喜欢买公主裙？原因可能在于其儿时经历。杨慧在原生家庭排行第二，家庭经济条件很不好，从小就一直在穿姐姐的衣服，没有光鲜亮丽的好看裙子。因为周围邻居家经济

---

① 卞之琳（1910—2000）是新文化运动中重要诗歌流派新月派的代表诗人。毕业于北京大学英文系，对莎士比亚很有研究，抗战时期在全国各地任教，对中国文化教育事业贡献卓著。书中诗句为其著名的诗《断章》。

更差，杨慧甚至打小觉得自己的比别人的破衣烂衫好多了。直到有一次，杨慧陪母亲进城去商场才发现，有这么多好看的衣服，特别是那件粉色的公主裙，配上皮鞋，已然成了梦想。眼看家里经济条件有了改善，杨慧的母亲还答应给她买一身好看的衣服，希望的火苗日益增长。但是后来家里的经济条件又开始变坏，母亲最终还是爽约了，这是杨慧心中的创伤。她从小打定了主意，将来若有女儿一定给女儿买上粉色的公主裙。其实，当时杨慧还不知道有 A 字裙、牛仔裙等等其他漂亮裙子，她只是偶然地看到了公主裙，一种与平时穿得不一样的裙子，便爱上了。如果当时内心缺失的是其他款式的衣服，也许杨慧现在每年给孩子买的就是另外的款式了。所以说，很多父母看不得孩子受苦，是因为自己童年曾经受过这种苦。

与母亲给女儿总是买公主裙类似的，父母给孩子买蛋糕，品种也是父母自己心里喜欢的口味；爸爸给儿子买玩具，那些自己小时候没有玩过、也许是看过但没有舍得买的品种最有吸引力。给孩子买的这些东西，都是按照自己的品位和口味，挑选自己最喜欢的品种。

这是常见的有趣现象。心理学者荣伟玲说，人们的内心其实住着两个"我"，一个是"内在的父母"，另一个是"内在的孩子"。等自己为人父母之后，"内在的父母"就是现在的真实自己，"内在的孩子"继续存在思想之内。我们对自己童年的记忆和理想化的童年生活期待内化到这个"内在的孩子"。①

　　我们并不知道孩子到底喜欢什么，但我们疯狂买东西其实是买给"自己内心的小孩子"。为人父母，将内心的小孩子投射到自己真实的儿子或者女儿身上，买给儿子或女儿就是买给了"自己"。所谓溺爱孩子，其实是溺爱自己内心住的孩子。带孩子吃自己最喜欢的糕点，穿自己最喜欢的公主裙，玩自己最喜欢的玩具，看自己最喜欢的故事书，无节制地给予孩子，是无节制地满足自己，让"内在的孩子"满意。

　　让"内在的孩子"满意的同时，溺爱现实真实的孩子。对于孩子来说，出生时确实需要父母全面的爱获得一种安全感，但是分离与个体化的阶段是树立自主能力，需要父母放手。如果持续溺爱，就会陷入"温柔的陷阱"：孩子在被父母构建的暖房里很舒适，却被剥夺了尝试、犯错和改正错误的机会，在心理上没有长大成人。但是，当孩子终究要出门，尝试与老师、同学、朋友建立关系，与知识、困难、挑战建立联结时，父母即便有心但已经无力，越来越多的困难需要孩子自己去面对。"几乎所有人都知道他做错了，但是好像只有他自己仍然觉得是对的。"这是被溺爱的孩子进入社会经常被孤立的原因。孩子这才发现事事不尽如人意，此时自卑主导了他的心理情绪，虽然很多时候不会袒露出来。

　　因为替代成就感，陷入桎梏般亲子关系的往往是母亲。夫贵

---

① 武志红. 为何家会伤人 [M]. 北京：北京联合出版公司，2018.

妻荣、子贵母荣，她认为自己忍受的愁苦等一切都是值得的，因为家人的成就让其脸上有光，成就家人是她的责任。她以儿子的成就作为自己的成就。为了孩子能花更多时间读书，她愿意牺牲事业为儿子承担起后勤、社交、社会责任等各项非学习的事务。可谓女人本弱为母则刚，听上去符合生物进化论的基因繁衍需要。没什么比孩子的成就更让父母满意的。女性抛弃了其他任何身份，比如妻子、女儿、员工、领导、市民、邻居等，唯一剩下的就是母亲的身份。听上去很有道理，但不符合子女成长的需求。母亲一旦发现自己的付出没得到孩子积极回应，就开始对孩子抱怨：我为了你，失去晋升；为了你，失去工作；为了你，失去健康；也为了你，维护无实质内容的婚姻。孩子成了母亲劳而无获的"背锅侠"。母亲利用这种内疚感让孩子继续接受自己的奉献。孩子也会愤怒，感知自己被禁锢，此时的母子都不再是自己了。

　　北大学子吴谢宇弑母案就是母子禁锢的一个典型案例。"一个像猫儿一样温柔的男孩子"怎么会做出如此大逆不道的事情？吴谢宇的前女友、一个在美国留学的女孩子每天早上8点都会收到来自吴谢宇的问候消息，告知做了什么，因此对他就有了"猫儿般温柔"的评价。吴谢宇将自己的全部交给他信任的女性，建立病态共生的关系。一旦有了这样的关系，看似两个人只能剩下一个人的意志和观念，吴谢宇是主动交出控制权的人，甘愿做他人的仆人、机器人。心理咨询师武志红认为一个人主动选择"被绞杀"的心理状态往往源于与母亲共生养成的习惯。吴谢宇在北大读书期间，每天都要与母亲至少通一个电话，事无巨细地汇报每天的行动，小到花钱买饮料，大到考试为什么失利。他都不用猜就知道妈妈银行卡的密码，一定是他的生日。儿子的共生来源于母亲对孩子的爱，一种无微不至、一种让儿子失去自我的全方位控制。一切为了儿子，生命的意义就是儿子。儿子知道母亲的要求，剩下就是母亲的期待和社会的规则，只剩下超我，留不下发自"内在小孩"——动物性的本我，因为本我被驯服了。这是原生家庭不愿意让孩子跟自己分离导致的人间悲剧。问题在于，在中国，普遍性地存在母亲对孩子的过度关注，导致孩子即便长大成人都没有与母亲完成分离。很多人都感觉离开家庭对母亲是有歉疚的，因为母亲一直得不到父亲的关爱，以前自己在家能够支持母亲，如今自己一旦离家，母亲似乎就无法独立生活。

对吴谢宇的精神分析，并不是为他的滔天罪责开脱，而是分析罪犯背后的家庭关系导致的人格畸形，并希望社会不要过高评价孩子的乖巧，对问题少年要有更多的宽容。就像中国人民公安大学李玫瑾教授所说的，不要让孩子太过于乖巧听话，叛逆也是一种生命力量。对孩子最好的爱，是帮助孩子跟自己分离，让他们在内心上能够展翅高飞。

三、母子关系：性格是怎么来的？

我们的性格是怎么来的？先讲一个明宪宗朱见深的故事。皇子可谓是口衔宝玉出生，众星捧月，得到精心培养，被寄予厚望，但也可能有例外。朱见深是明英宗朱祁镇的长子，1447 年出生，2 周岁即被立为太子，到 1464 年继位皇帝，人生这前 17 年可谓坎坷。太子身份先是被父亲确立，之后被叔叔废，接着再被父亲立，曾经朝不保夕，惶惶不可终日。他后来的性格、婚姻大事、文治武功都跟早期这段经历有关。

父亲明英宗朱祁镇，前后两次登上皇位，被评价为"不是好皇帝"，但因为废除了嫔妃殉葬而被后人说"人品还不错"。他整个 37 年的人生因土木堡之变而跌宕起伏。作为嫡长子，朱祁镇出生后第二年就被立为太子，第八年父亲去世就成为皇帝，由太皇太后也就是朱祁镇的祖母张氏垂帘听政。等到可以亲政，安邦定国、励精图治的热血在朱祁镇心中燃烧。1449 年，受到明朝第一代专权宦官王振蛊惑，亲征攻打屡犯边陲的瓦剌，22 岁的朱祁镇在土木堡被俘，20 万大军全军覆没。大明只能让其弟朱祁钰登基，以防止瓦剌利用朱祁镇敲诈国家。极为难得的是，朱祁镇在大漠被囚禁，还在敌营结交了不少朋友，一年后汗毛未少地回到北京，但是被弟弟、当时的新皇帝朱祁钰软禁 7 年。朱祁镇的原配皇后不得不自己做些女红，托人私带出去变卖以贴补家用。在石亨、徐有贞、曹吉祥等人的密谋下，利用朱祁钰的重病，1457 年朱祁镇又抢回皇位，杀掉了阻敌瓦剌保护京城有功的于谦，毕竟于谦是保举新皇帝朱祁钰上位的功臣。就这样，朱祁镇又做了 7 年皇帝，然后去世。

波谲云诡的权力斗争中，朱祁镇不断乘"过山车"，带给儿子朱见深的是变幻莫测、心惊胆战的生活。父亲被俘、叔父登基，再到父亲被幽禁、自己被废黜，自己的生命朝不保夕，即便是复立太子的那8年，距离权力巅峰看似一步之遥，但又是遥不可攀，外人来抢夺抑或父亲立新太子，一切都有可能。这8年朱见深依旧寝不安席、食不甘味。好在从记事起旁边就有一个似丫鬟、似保姆、似母亲、似妻子的万贞儿同甘共苦。万贞儿给婴儿时的朱见深以母亲般的温暖和安抚；给少年朱见深以胞姐般的同情共感与相依为命；给青年朱见深以柔情似水和风华绝代；给成年朱见深以贤内助般的参谋智慧和温馨港湾。1487年正月，万贞儿也就是当时的万贵妃病死，明宪宗朱见深哀叹："万侍长去了，我亦将去矣！"朱见深肝肠寸断，茶饭不思，连续7日未上朝理事，安置好身后皇朝权力之后，同年8月也驾鹤西去。看似至死不渝的爱情，不如说是一生的依恋。

为了皇朝权力的稳固，很多制度安排是违背人伦常纲的。汉武帝刘彻要立刘弗陵为太子，痛心杀掉刘弗陵的生母钩弋夫人。因为主少母壮，淫乱宫廷不说，更可能是骄横跋扈，利用娘家亲戚巩固权力从而导致外戚专权，出现第二个吕雉。钩弋夫人即便是汉武帝的宠妃，也必须做出牺牲。清朝更有皇子不能由生母抚养的传统，生下来就被抱走，乳母4名外加保姆4名联手养育，生母甚至不能随意探望。这样能够避免溺爱皇子，这个马背上的民族认为舐犊之情导致子孙懦弱；这个制度安排稀释了母子联手勾结的机会，少些为了自己儿子登上皇位而毒杀其他嫔妃母子的可能性，更重要的是母子即便有血缘但是没有亲缘和恩情，对于母亲的娘家人也少了牵绊，减少了外戚干预朝政的可能。清朝皇族的规定看似比汉武帝杀太子的母亲多了些仁慈，但是让其他女人养育自己的孩子，也是极不正常，掺杂功利于子女成长，怎么能够满足孩子对情感的全方位需要？

万贞儿4岁入宫当宫女，深得朱祁镇生母孙皇太后喜欢。皇帝朱祁镇出征瓦剌之前，立朱见深为太子，弟弟朱祁钰为监国。土木堡之变，皇帝被俘，朱祁钰登上皇位，孙太后意识到太子是当今皇帝的侄子，有危险，立即派万贞儿到太子宫殿负责起居，以防不测。朱祁钰确有立自己的儿子朱见济为太子的想法，障碍当然是兄长的儿子、现在的太子朱见深。2岁开始，朱见深就跟随比他大17岁的万贞儿一起生活，因为时刻担心被叔叔谋杀，每每做任何事情都要征求万贞儿同意。当时的皇帝朱祁钰还真是投鼠忌器，毕竟万贞儿是太后安排的。风声紧时，万贞儿抱住太子祈求多福；时事稍宽，太子在万贞儿膝下游戏。万贞儿的年纪比朱见深的父亲朱祁镇小3岁，与朱见深生母周皇后同岁。当时，对于幼年朱见深来说，父亲身陷图圄，母亲也无暇顾及，朝不保夕，万贞儿几乎就是母亲，与她形影不离。1452年，5岁的太子朱见深终被废为沂王。太子宫中的太监宫女纷纷自谋出路，身边侍从打理行囊各自离去，5岁虽小，但是他不会不知道自己处境的恶劣。众叛亲离，朱见深眼巴巴问万贞儿能否留下继续陪他，在征得这位母亲般的女人同意后，朱见深更加觉得唯一可靠的就是这个女人。1457年，被软禁的父亲朱祁镇再次夺得皇位，朱见深此时已经10岁，再次被封为太子。花开花落，人生起伏，唯一可靠的就是日夜陪伴左右的母亲般的万贞儿。

懦弱不安的朱见深也有躁动青春，与成熟的万贞儿如胶似漆。18岁的朱见深登上皇位，第一件事就欲册封万贞儿为皇后，却遭到生母周太后强烈反对。朱见深不得已在女人面前又一次屈服，不过他虽立吴氏为皇后，却独宠万贞儿也就是万贵妃。皇后得不到任何宠幸，嫉妒之心不断膨胀，一气之下找了机会对万贵妃动刑。朱见深受不了这位似母、似姊、似恩人又是情人的女人受苦，血气方刚，立即废掉吴皇后，从此后宫无人敢与万贵妃为敌。其实也不难理解万氏为什么能获朱见深的独宠，这位似母亲般的妻子是从小的依恋，长大也离不开，在道义上也不敢违背。万贵妃是朱见深精神抑郁的解药，也是导致其精神抑郁的病灶。

万贵妃对这个"儿子"是很有策略的。她不会主动贴上去表达对皇帝的关爱，反之是皇帝来找万贵妃温存。朱见深的母亲周太后曾经问儿子，到底万氏有哪一点值得他如此喜欢。朱见深回答说，每当万氏亲近自己时，心里就会感到特别踏实、舒服与安宁。万贵妃不仅没有像其他嫔妃小鸟依人般地紧贴皇帝，还时不时地表现出一种冷淡和嫌弃。这是很巧妙的驭人之术。"儿子"朱见深不断地争宠，去获得"母亲"的爱。

万贵妃心态也发生变化，原来是仆人伺候主子，如今这个主子仍然对自己言听计从，她慢慢开始利用朱见深对自己长期的依赖，变得跋扈，尤其是自己唯一的儿子夭折后，眼看年纪越来越大，生下太子机会渺茫，便产生了独占性的心态，要独占这个似主似子的男人，不能让他被任何其他女人蛊惑，更不能让其他女人生下龙种挑战自己的权威。有史料记载，登上帝位10余年后，大明皇帝朱见深还没有任何男丁子嗣可以作为继承人。清朝人撰写的《明史万贵妃传》记录说万贵妃毒杀任何怀孕的嫔妃。最后是周太后为巩固国本，亲自出面保护怀有龙种的嫔妃，留住了朱见深的骨血。据说朱祐樘——也就是后来的孝宗，出生时头顶秃了一块，也是因他母亲怀他时被万贵妃手下下毒。这些史料真假难辨，但是万贵妃深得宠幸，几乎与朱见深形影不离那是不假。与其说是爱情保鲜，不如说是母子情深；与其说是情有专属，不如说万贵妃对朱见深从男孩到男人各个阶段掌控有方。

风雨飘摇、朝不保夕的儿时经历，导致朱见深怕事懦弱的性格。虽然年少但是无为，手下各方势力群魔乱舞。万贵妃在后宫横行，皇帝长期无后，皇子持续真空；方士妖道以炼丹为名，挥霍无度，窥视大内图谋不轨；宦官钱能、汪直、梁芳等权势熏天，东厂西厂锦衣卫对文臣武将纵肆杀戮；边境各方蠢蠢欲动，瓦刺、女真在边境屡挑事端；文臣官僚也是结党营私，或者是只谋官位不谋公事，或者是只求清誉四处弹劾。无人为江山社稷着想。

操纵手下内斗，得利的是皇权，这原本也是帝王之术。纵观历朝历代，权臣、外戚、母后、宦官都是导致皇权旁落的重要政治力量，与其亲自上场与之过招，不如作为最终裁判者，让各方势力自己争斗，让皇帝坐收渔翁之利。但是朱见深实在过于弱小，坐等各方势力越来越大直至超过掌控范围。内政与外交、朝廷与后宫，他很少做出杀伐决断，优柔寡断以致危及权威。这个皇帝格局甚小，按理来说，"普天之下，莫非王土；率土之滨，莫非王臣"。他斗不过士大夫，只能绕过吏部的"选拔""廷推"或"部议"等选官过程，直接任命官员，这就是"传奉官"；他还在顺义、宝坻等地设置皇庄，强制交易，兼并土地，作为自己的"小金库"，可见在动荡中度过青春年少的朱见深，缺少进取和雄才大略，他给自己的定位就是过渡型皇帝。万贵妃一走，自己活着也没什么意义。

四、分离与个体化的四阶段

对儿童发展心理学有重大推动力的奥地利心理学家玛格丽特·马勒分解了分离与个体化的四个阶段：分化期、实践期、和解期与情感客体恒定期。人的一生，以分离与个体化为主要内容的有两个重要时期。

第一个时期是婴儿出生后的四五个月开始到 3 周岁。先是孩子意识到自己与母亲的差异，然后试图开始探索新的世界，先是爬行，再是蹒跚学步，也就是从"抱紧我"到"放下我"的过程。但是真的离开妈妈，甚至稍稍离开妈妈的视野都是不敢想象的，这是"放下我"自己要承担的痛苦，这就是实践期。外部世界的吸引力能够抵抗对妈妈的思念，离开妈妈，从短暂的几分钟到几小时，做到既能够离开妈妈但是也确信妈妈能够回来找自己，就是实现了情感客体恒定。

如果说上述历程是完成了婴儿到少儿生理上的断乳，那么青少年期则是要完成心理上的断乳。进入青春期的孩子，无论是物质的还是精神的，都有了自己的独立空间，有了自己的秘密和想法，从分化的思想到追求自由与独立的实践，开始特立独行，甚至"为了反对而反对"，故意与父母唱反调。这个阶段，孩子会开始觉得父母唠叨，"他们就是管着我"：管着不能看电视，管着不能用手机，管着不能去打球，管着不能躺着看书……对父母的掌控一下子变得敏感和反抗，对抗争吵甚至尝试离家出走，"你让我往东我偏往西"，这是常见分化期的表现。[①]

在落地实践自我分化的过程中，青少年有很多自己想做的事情，但是都面临很多真实的困难。比如说，经济来源的问题。很要面子的青少年放不下自尊心去抛头露面做体力劳动赚钱，而承接父母的喂养就无法真正脱离父母的管教，两难冲突充斥内心，对家庭、对学校、对自己都不满意。处于青春期的孩子最容易与父母发生争吵，此时父母不能一味地压制孩子，否则遇强则强的孩子会离家出走，遇强则弱的孩子会压抑这种反抗精神。而当"乖孩子"长大成人，有了反抗能力后可能会再次爆发。有不少创业家庭，在子承父业过程中两代人冲突不变，是青春期分离与个体

---

① 郭潇萌，贾晓明. 大学生青春期心理分离个体化过程质性研究 [J]. 学理论，2013（24）：246-248.

化的延续。

和解期的青少年会求助他人，在一些特立独行与父母观点迥异的事项上，会找朋友，找志同道合的同学，获得"俱乐部式"的满足感；另外在一些比较重要的决定上，比如升学、同伴关系方面，可能需要听父母的观点。但是，如果听从父母意见则又担心这样就变得不再独立，这就是青少年的内心矛盾。

最后，能够逐渐形成稳定情绪、逻辑自洽、独立思想的个人。"虽然父母不在身边，但是知道父母亲的支持"，有自己的是非判断标准与价值观，有一些朋友和同伴，也能够与父母做一些沟通，不少决定的背后其实是与父母相一致的价值观，这就是情感客体的恒定。

顺利完成以上四个阶段的青年人，会建立起自尊和自信，知道在朋友圈、在家庭的位置和具有的重要价值。并不是所有人都能够完成四个阶段，有的青少年停滞在分化期，强调独立与分离，迟迟不能和解完成情感客体恒定。导致这种现象的，主要还是父母面对青春期孩子的适应方式出现问题。家庭是一个系统，唯有父母先给予宽松的方式配合孩子的需求，这就是所谓的"需要时在，不需要时不在"的父母定位，不能指望先由孩子冷静下来主持召开家庭会议以平和方式安慰父母。

五、分离与个体化的关键节点

3岁是第一次分离与个体化的关键节点，在我国也有"3岁看到老"的说法。影响神经系统发育的因素，一是基因，二是养育。尤其在 0 岁到 3 岁，是神经系统发育最旺盛的阶段。大脑神经触突根可以被环境"修剪"。获得足够关爱的孩子，神经系统里的安全、愉悦体验会积累下来；如果被虐待、抛弃，神经系统同样会记录负向体验，终生携带，成为人格的一部分。

3 岁还是心理学上俄狄浦斯情结的集中爆发期。俄狄浦斯是古希腊神话中国王拉伊俄斯和王后约卡斯塔的儿子，他在不知情的情况下，杀死了自己的父亲并娶了自己的母亲。作为人物形象，他是欧洲文学史上非常鲜活的命运悲剧人物。弗洛伊德情结，也被心理学的开创性奠基人——弗洛伊德解释为男孩子的恋母情结或者女孩子的恋父情结。这种情结在一定程度上是双向的，妈妈偏爱儿子，或者父亲偏爱女儿。在 3 岁左右，男孩对母亲的特殊柔情达到高峰，视母亲为自己的，而父亲是争夺母亲的竞争者和敌人，甚至想着取代父亲在父母关系中的地位而独占母亲。同理，女孩也以为母亲干扰了自己对父亲的柔情，时不时挑战母亲。

男孩子从父亲那里获得男性的性别认同，女孩子则是从母亲那里获得女性的性别认同。如果母亲是从小被重男轻女的外公外婆送养出去的，那么她就会缺乏自己的身份感，当结婚生育的时候，她期待自己能够生育出男孩，如果生育出女孩，那么她的女儿就会像母亲一样延续对自己性别的排斥。广大女性的价值感因为原生家庭的惯性被压制，在职场上遇到不公平对待，有的不能觉醒，有的即便觉醒也没有勇气去争取权利，但是内心充满纠结和痛苦，造成显性的创伤。

有的代际创伤是隐性的，有的女性明知父母因为性别把自己送养出去，为了避免类似的痛苦再次发生，发誓对自己的女儿给予百分之百的爱护，但是无意识里会重复这种创伤，比如很早出月子回到职场上班、长期加班、长期出差，"主动"创造了与孩子的分离，舔舐伤口，代际延续。①看似矛盾的还有独立女性的"假独立"现象。有些女性里里外外一把抓，强调事业靠自己，但同时也抱怨男人的无能与不顾家，尤其是对女娃的啼哭表示烦躁，认为是弱者的表现。这是儿时依恋创伤、不被父母接纳的一种延续。不得不提的是，期待生下男孩的家庭对女儿的到来表现出失望，这是很多中国女性所承担伤害的开始。

六、过度亲密与母子纠缠

母子过度亲密（心理学上称为"共生"状态），很多不是孩子希望母亲继续"抱紧我"，而是母亲不放手。当代家庭非常普遍的是母亲特别焦虑。对孩子健康的担心，对孩子学业的关注，对孩子社交的重视，对孩子兴趣爱好的培养，等等，不一而足。母亲的焦虑来自无力感，而这种无力感首先来自掌控自我的落空，来自个人停止了成长，但没有内求致力于进一步提升，而是把重心放在孩子上，让孩子继续母亲的个人梦想。

进一步地说，并非只有抱紧孩子才是有利于孩子成长的，并

① 李慕琰. 中国式母女关系："很多女孩从没有被妈妈好好爱过"[N]. 南方周末，2021-08-30（11）.

非繁忙的家长就建立不起亲密关系，就不能培养出优秀的、健康向上的下一代。孩子不会长成你希望的样子，但是会长成像你的样子。留一个背影给孩子，一个忙碌的背影，能够产生很强的示范作用。培养孩子有两个典型机制，一个是给予吃穿住用行各种物质资源，以及人脉关系等各种无形资源，鼓励孩子过成理想的人生状态。另一个机制，是相信生命的力量，信任内部基因、外部示范，只留下榜样与人格魅力让孩子去主动探索。孩子是塑造出来的，还是自己成长起来的？也许都有。

孩子自己的人生本就不应该由母亲来掌控，完全按照母亲预设的道路是不现实的。"母子一体"具有很强的惯性，一开始以孩子为中心，随着孩子要求"放下我"而突然失去自身价值感，尤其是那些父亲缺失、夫妻关系可有可无、妻子的事业与兴趣爱好乏善可陈的家庭。母亲进而开始担心孩子能否考上大学，是否结交了不好的朋友，是否有电子产品、电子游戏等网络上瘾倾向。孩子上学的时候担心其早恋，孩子工作了则又为其婚事着急。发现孩子的问题，试图了解孩子的真实想法，其实是父母过度关注孩子的一种掩护。有的母亲甚至对网瘾孩子下跪，以一种不正常的母子方式——牺牲自我——应对孩子的叛逆，但对孩子而言只感受到密不透风的压抑。

有的孩子一直得不到父母的关心，就期待通过表现得更好去赢取父母认可，变成了懂事乖巧体谅他人的"大人"，有时候又称为"小大人候群症"。其本质是缺少父母的爱，隐藏内心的真实需求，表现出令人心疼的乖巧，积极迎合他人。这样的孩子长大后，在职场上仍然会继续讨好其他人，不懂拒绝，不会说"不"，下意识地去应承原不属于自己分内的事情。不得不说的是，这样性格的人，并不是发自内心热爱自己的职业和岗位；这样性格的人，并不是对自己所依恋父母有发自内心的关爱，只是期待获得首肯后自己内心的一种满足。这样的人是为了别人活着的，看上去有点"存天理、灭人欲"的味道，其实也是为了自己的内心满足。

正如心理学家温尼科特提出的"真自我"与"假自我"概念所揭示的道理。① 真自我无关道德，无关社会准则，只是发自内在需要的表达。比如，在高铁车厢，在凌晨的家里，想笑就笑、想哭就哭。每个婴儿都有真实情绪表达的权利。如果一个"足够好的母亲"在身边，满足孩子的全能感，弱小的自我获得力量，真我具有生命。反之，如果婴儿的行为被"不够好的母亲"忽视和阻止，反而要婴儿去服从，这种假性的顺从就是假自我的开始，隔离自己的生命和意义，使得适应环境具有虚假性质，严重的会引发性格病症。温尼科特治疗这些病症的方法就是退行到依赖，让病人感受到真实，替换掉自己婴儿时期失败的情感体验，找到

---

① 唐纳德·温尼科特（1896—1971）是精神分析客体关系学派的代表人物。他有一句名言：There is no such thing as a baby. 中文翻译是"从来没有（单独讲）婴儿这回事"。婴儿不是独立存在的，他是与养育者一起的。看婴儿，得要看照顾他的母亲；预判婴儿，要分析他所在的家庭。一个"足够好的母亲"就应该对婴儿的需要高度敏感和积极响应给予满足。如果婴儿碰到的是"不够好的母亲"，婴儿不会感到被接纳包容，而是体验到冲突，人格中的自发性和创造性就暂停发展了，改为顺从有缺陷的这个环境。代表作：Winnicott D W. The Child, the Family and the Outside World[M]. Middlesex, England: Penguin Books, 1964.

真自我。再造的容纳性环境占据了原来的失败环境，让病人体验到满足和成功。

七、父亲角色与母子纠缠

"爸爸说得对，还是妈妈说得对？"

"爸爸更爱你，还是妈妈更爱你？"

"你要跟爸爸生活，还是跟妈妈生活？"

母子过度亲密，不仅仅是孩子要求"抱紧我"，而且很多时候还是母亲将孩子作为联合的盟友，让孩子成为对抗丈夫的工具，如图3-1所示。她有与孩子相依为命之感，来对抗"不靠谱"的丈夫，有的还隔离孩子与其父亲见面联结的机会。此种情况下，对孩子来说，无论是主动还是被动接触到父亲，都是对母亲的背叛。但是，幼小的孩童，看父母都是强大的大人，都期待得到父亲和母亲的认可、关爱。知道母亲不乐意，他极力避免重复母亲眼里的"不靠谱"个性，但是内心还是希望得到双重的关爱，表面上拒绝父亲但是事实上是学习父亲，把不靠谱的那些所谓缺点当作父亲的替代性形象。

孩子很容易成为父母争夺的"资产"，是双方都极力拉拢的对象，成为夫妻关系的牺牲品。为了支持母亲维持婚姻，孩子要成为母亲的白衣骑士、闺蜜、良好的倾听者，甚至是母亲乖巧的同居者，要给予母亲各种关心。

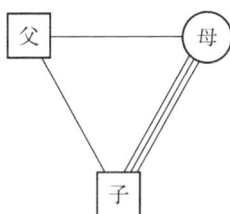

图 3-1 母子纠缠疏离父亲

乖巧得令人心疼、充满献身精神的孩子，总认为自己是问题的根源，自己应该为这个家庭做点什么。如果母亲不喜欢家里凌乱，那么就把家里整理得井井有条。小孩子会主动牺牲自己支持弱势一方，维护家庭的存在。当然，也有人认为这是符合生物进化论的，因为父母双全的家庭最有利自己的成长。

> 妈妈不快乐是我的责任，她经常抱怨家里乱七八糟，所以我就把家里整理得干干净净，这样能让她开心一点。

孩子生命头三年的母子关系，对这个孩子未来长大成人的心理结构有极为重要的影响。3 岁时男孩对待父亲的态度以及看待父亲的角色，会影响这个孩子对待这个外部世界的基本看法，因为母子合一的孩子会认为第一个来自外部世界的"威胁者"就是父亲。父亲是来撑开过度紧密的母子关系，帮助他们回到正常的状态。

因为传统家庭内的男女分工，父亲往往留给孩子忙碌的背影，对于小孩子来说这个背影不仅是高大，更应该要清晰而非模糊的。

他通过支持太太的家庭事务，以及养育孩子、整理家务，从而加入与孩子的联结中来，帮助孩子校正对母亲的过度依恋。对于孩子来说，离开母亲，暂时松开抓紧母亲的手是不舒适的，有的甚至将父亲当作跟自己抢夺母亲的对手，但如果父亲是自己模仿的榜样，是可以信赖的另一个对象，则孩子对母亲的过度依恋会很大程度上得到缓解。尝试构建以父母关系为主轴，"父—母—子"三边距离接近的三角关系，如图 3-2 所示。

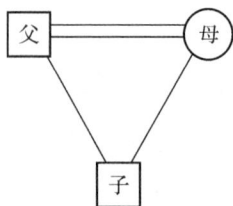

图 3-2　中国三口之家理想的家庭结构

外公外婆或者爷爷奶奶并非自然而然地帮助孩子照顾婴儿。养育孩子的主要劳心劳力者还是年轻的夫妻。西方的家庭更像是等腰三角形，夫妻为短边，对待相对疏远的孩子，以较长距离且虚线来表示人际的联系，如图 3-3 所示。鉴于中国历来重视纵向联结而忽视横向夫妻关系的传统，为了有助于孩子的分离与个体化，建议采用等边三角形的方式，一方面，夫妻关系为家庭的基石，另一方面，对待孩子相对于西方国家更为亲近，重要的是父母对孩子的距离是相似的，过度的"恋母"或者"恋父"的关系等不利于子女的成长。

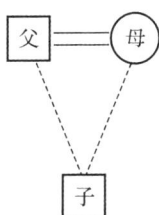

图 3-3　西方三口之家常见的结构

　　武汉忠德心理医院（原名为中德心理医院）创始院长曾奇峰教授认为现实的人际关系是内心世界向外投射的结果，也就是内在客体关系向外投射的结果。心理学所谓的客体，从弗洛伊德[①]开始，主要强调的是期待得到满足的场所，客体关系就是依恋关系，由于依恋主要是在婴儿期，因此最重要的客体关系就是婴儿期的"我"与当时父亲的关系。5岁前婴幼儿期的"我"与当时母亲的关系，有时也称为内在的"我"与内在的父亲、内在的"我"与内在的母亲之间的关系性质，这些关系影响到长大成人后与其他人的关系。客体关系理论，有时候又称为客体关系心理学，属于后精神分析学派，认为所谓的性格总和，也就是人格，来源于内在的客体关系，也就是内在的"我"与内在父母的关系。性格不仅仅是"我"自己，性格来源于关系，尤其是重要亲人跟"我"早期的关系。自信的人，是内在的"我"对获得内在父母的爱充

―――――――――

[①]西格蒙德·弗洛伊德(1856—1939)强调人性的基本欲望和恶念，虽然他用"潜意识""性本能"等词汇来解释人的性格与行为有些简单化，关于婴儿期性欲与神经症的关联还受到不少嘲讽，但是以《梦到解析》开创的精神分析心理学是后来动力心理学、人格心理学、变态心理学的基础，既是现代医学的重要基石，也是西方人文社会科学的理论支柱。

满信心。因此在婴幼儿期，父母表达对孩子的爱是不能有任何犹豫的，与所谓的溺爱或者锻炼孩子受挫能力无关。孩子跌倒是否要扶起来这个问题，不在于马上抱起来还是鼓励孩子自己爬起来，而是背后都要有父母的鼓励以及流露出来对孩子的关爱。我们明确反对的是那种婴幼儿受伤害时父母的无视。

现实中，不少父亲在太太怀孕生子阶段，角色是缺失的，甚至为了自己或者太太更好的睡眠而夫妻分居，这种情境直接导致父亲无法干预到母子关系，任由母子的窒息关系延续到孩子青春期，延续到成人。被称为"妈宝男"的小伙子不能独立决策，动不动要打电话回家跟母亲请示汇报，随着娶妻生子，婆媳矛盾爆发，夹在中间的儿子没有能力处理。更重要的是，"妈宝男"如若不将夫妻关系作为最重要的关系，妻子会寻找孩子成为可以依赖的联盟，一代又一代的"妈宝男"如此诞生。跟母亲不合理的距离，导致子孙后代能力的欠缺。因此，婆媳关系是假象，内核是母亲、儿子、儿媳的三角关系。

八、母亲角色与子女健康

重要的亲子关系阶段，母亲角色的失败除了母亲过度亲密不放手外，还包括以下类型：无视孩子"抱紧我"的需求，不理睬；掌控一切，不讲理；只管生不管养，"玩消失"。不仅是有些男生有"妈宝男"的问题，许多女性缺乏自信，不断被贬低，职场和家庭都遭受不公平对待，跟自己的关系模式和人格形成有关，亲子关系阶段母子关系是第一位的，因此成年后暴露的问题，也往往都源于母亲[①]。作为孩子，把生活的糟糕归咎于母亲，并不是本书的本意，重要的是透过母亲看见自己，让家庭问题到此为止，避免创伤代代相传，避免我们的儿女重蹈覆辙。

犹太人的家庭教育方式下很少产生"妈宝男"。具有强烈危机意识的民族首先要做的是培养下一代的生存能力。沙拉·伊马斯是出生在上海的犹太人，与华人丈夫共同育有三个孩子，对华人文化和犹太文化有直接比较和深刻认识。她回到以色列，带领孩子们在战火纷飞的环境下体会磨难。在其发行量很高的《特别狠心特别爱》的作品里，沙拉强调延迟满足的育儿理念。很多家庭孩子不快乐的原因是所有能够想到的欲望都已经很容易满足了。没有新的愿望，也不知道如何去实现这样的愿望。我们周围有太多的父母，只解决孩子的温饱。还有些父母则是以孩子为中心，我们称之为"直升机式"父母，基地就是孩子，以孩子的需求为依归，即便暂时地离开是马上会回来照顾孩子。还有一些父母是蜡烛式的，燃烧自己，照亮一隅；理想的父母不仅仅是奉献自己，还要给孩子照亮未来之路，让孩子自己去探索。清华大学彭凯平教授提出了"福流"的概念，幸福是有意义的快乐。意义感是需要家庭和社会去熏陶、预设的，这就是价值观。

母子的亲密关系是否令孩子满意？"一生治愈童年，还是童年治愈一生"，有太多的孩子或多或少曾经受到了原生家庭的伤

[①] 侯玉珍. 因为我是女性 [M]. 北京：人民邮电出版社，2021.

害，有的孩子等不到成人就想逃离原生家庭，也有的则是希望下辈子还是做父母的孩子。幼时母子的亲密关系如此令人难以忘怀，长大后人们还是希望不断重复感知到类似于母亲的拥抱、耳边的呢喃，在母亲怀里被有节奏地拍着后背，此时此刻才有安全、踏实与温馨的感觉。伦敦动物园哺乳馆老馆长德斯蒙德·莫里斯的观点经久不衰。他认为成年以后人际交往时的握手、拍背、拥抱，都是以身体接触表示亲密，唤起幼时母子间的安全、稳定和舒适感。

九、有了企业没了家？——企业家与原生家庭

家族企业是家族、管理权、所有权三环的交集部分。模型显示，家族企业复杂性是因为家庭、企业、股权的三重逻辑。在家庭，以情感式沟通为主，企业是决策式沟通，而所有权方面，是股东按照法律的套路进行沟通。沟通不见得能够让所有人满意，但是不满意的人至少要觉得公平，才会让大家继续合作，而不是"鱼死网破"。家庭的公平感来自情感关照的需求原则，企业看重绩效原则，股权则是强调合法性原则。在这些大原则之下，即便个人利益受损，也要遵守规则，除非没有长期合作的期待。

家族企业沟通的复杂在于三重逻辑同时发挥作用。在家里吃饭谈起了工作，如果顺利，饭吃完董事会也开完，经营管理会也结束，以吃饭为形式的家庭会议也闭幕。如果某位家族成员，既是股东还是董事，同时又是企业重要的高管，他应以什么身份参

加决策会议呢？某一个决策符合法律规则，也兼顾了绩效考量，但如果不满足家庭情感满足要求，他会做何反应？最常见的是不合格家族成员在企业任职问题。宁波方太厨具有限公司由茅理翔、茅忠群父子在 1996 年共同创立。公司刚站稳脚跟，茅理翔刚失业的弟弟就要求加盟公司，并自告奋勇希望担任采购部部长。弟弟的要求无论是从股权的法律还是企业的绩效逻辑都完全合理，但茅理翔拒绝了。当下班回家，茅理翔发现母亲拄着拐杖来兴师问罪，责备如今"发达"了的大儿子不照顾"失意"的小儿子。从家庭逻辑看，情感关照原则也是重要的，尤其对于母亲来说，她甚至会无视绩效原则与合法原则。当时的茅理翔就处在这样的三重逻辑冲突中。此时，有必要对规则进行取舍，对母亲的"孝"与对其他利益相关者的"忠"不能两全。茅理翔跪在地上向母亲解释企业职业化经营之道，最后将弟弟安排做邻县的经销商，无关企业职业化的基本面。后来，营销体系调整，经销商的绩效考核要求很高，弟弟看到哥哥的"一视同仁"，黯然离开。

由于家庭系统和企业系统的本质区别，需要注意将家庭规则与企业规则适当地分离，把权力层级、上下级关系、结果导向、绩效考核带到家庭可能是灾难性的。家庭是讲"爱"的地方，企业则是讲"效率"的场所。家庭崇尚的是利他主义、按需分配、互相关注，以家庭情感为纽带，家是讲求关爱甚至不全是讲道理的地方。而企业则是强调按劳分配，经济利益与经济分配按照既定规则，做得好晋升、加薪，做得不好减薪、裁员，以结果为导向，以业绩为考核依据。家庭成员，依据血缘与婚姻关系，伦理秩序已然决定，而在企业谁是上级、谁是下级，谁是领导者、谁是被领导者，是变化不定的。企业是解决一个又一个的管理问题，实现绩效的地方；而家庭更多的是情感港湾，承载生儿育女的功能，注重的不是绩效，而是情绪和感知，让每个人都能感觉到被关心、被理解。

在很多男主外女主内的传统家庭里，男人赚钱养家有较高的自信和自尊，女人照顾家庭、养儿育女、照顾老人，很难衡量经济价值，指标体系的不一致以及市场经济规则的过度影响，男人就更容易将权力带回家。

如果把这种权力带回家，继续实行在企业的那一套，颐指气使，那在家庭里也不会受欢迎。配偶受不了，子女更是具有天然的反抗精神，软磨硬顶甚至离家不归，最后只剩下自己一个人唱独角戏。夫妻合作创业，如果没有良好的企业内分工以及家庭与企业的隔离，企业管理的权力结构会带回家庭，家庭内的夫妻冲突会带到公司，李国庆和俞渝的案例再次揭示了夫妻创业中两人关系处理的重大难题。往往有很长一段时间的磨合期才能确定双方的权力领地，在各自领地里自己说了算，在对方领地给予对方尊重。有的创业夫妻几十年都还存在分工不清晰的"双中心"现象，不仅手下员工不知道听谁的，而且连子女都被卷入父母冲突，被要求表态支持谁。子女不愿意接班，不愿意像父辈一样为了企业而牺牲家庭关系、亲子教育，不能任由自己遭受的痛苦在第三代身上重复，这应该是常见的心理诉求，也是两代人的分歧所在。

　　家庭沟通由爱与权力支配。如果"爱"大于"权力"，家庭会父慈子孝、兄友弟恭；如果"爱"小于"权力"，家庭会夫妻冲突、兄弟阋墙、两代对抗。口口声声为了"情"，却实实在在用"权"来推动解决家庭事务，惯用"高压"与"控制"，最终大家都不相信有"情"。"爱"与"权力"的冲突，其外在形式是"家庭利益优先"还是"企业利益优先"的选择。

　　如果说在家族企业，从二代进入企业开始试图独立掌握企业的控制权，这也有分离与个体化的心理成熟过程。经历较好高等教育的二代，怀揣大型知名企业的做法和听似自洽的管理模型野心勃勃回到公司，想在比较短的时间内组建团队、建立体系、掌控公司。遵循最佳管理实践的做法，往往在自己的企业碰得头破血流。我们看到了那些模范企业采用这些最佳实践获得收益，但是不知道他们也在承受着代价，而将这些所谓最佳管理实践引入自己公司，别人能够承担的代价自己公司未必能够承担。

　　不想当将军的士兵不是好士兵。初生牛犊的年轻人不满足于老一代企业家日常管理的做法，希望探索新商业模式和管理流程，走出有别于父辈的思路。过于理想化以及过于操切的心态，往往让新生代很快在企业中感觉能力无法施展。他首先不被父辈认可。这就是二代经历的分化期与实践期，有的还认为父亲才是自己成长为企业领袖的拦路虎。"小老板"这个称谓充分体现了二代现在的矛盾情绪："老板"是自我定位，是对未来自己成为家族领袖和企业领导人的责任意识，但是目前很多做法可能并不落地，连帮助自己制定规章制度的助手都找不到，自己只是那个"小老板"。在各个重要岗位轮岗之后的二代，如果能够沉下心以空杯的心态作为初学者来学习管理，既体现自己的思想又能尊重企业现有做法的逻辑尤其是父辈企业家的系统性思维，并且能够在销售、技术等重要岗位"蹲一点、出成果"，将实现情感客体恒定，有自己新的思想但是在无形中又践行了家族的重要价值观。

创业家庭常见的问题是，需要父母关爱的时候，他们不在身边；该放手，让孩子完成分离与个体化的时候，父母却以各种方式要求孩子听父母的。两代之间的期待存在错配，表现为两种情况。第一种情况，父母草创阶段，无精力像其他家庭那样亲力亲为养育子女，孩子要么在家是保姆带，要么是在祖辈家长大，父母只给予物质上的满足，缺少对孩子的关爱。有的家长给予了超越孩子基本需要的物质条件，弥补因为关心不够的亏欠感。孩子们因为没有延迟满足，物质消费的幸福感也不高。更重要的是，随着创业企业的"不经意间"成功，父辈拥有这么大的事业，由衷地希望由孩子延续其未竟事业。这种需求，不仅仅是因为自己的孩子比外人更可靠，更重要的是希望事业平台让自己的孩子能够"务正业"，缺乏事业心的孩子如果染上不良习气，没有提升创富和保富能力，太容易败掉家业。清末洋务运动代表人物、被誉为"中国实业之父"的盛宣怀，创造了轮船招商局、中国电报局、中国通商银行、京汉铁路、钢铁联合企业汉冶萍公司等11个"中国第一"，在政界商界纵横捭阖，以企业家的精神做实业做慈善，1916 年去世之时留下千万两白银的巨额遗产。七房妻妾生下的八儿八女，无论嫡庶无论性别，纷纷争抢财产，要么赌博成性，要么经商无方，在风雨飘摇的民国时期，把财富挥霍一空。为什么太过能干的父母往往培养不出"青出于蓝而胜于蓝"的子女？尽管父母有这样的良苦用心，但是缺乏精心培养的孩子能够顺其意愿传承衣钵吗？缺少亲密关系长大的孩子，不希望父母因为事业忽略家庭的伤心往事再次上演，再加上父辈的创业经历艰辛坎坷，也不再有创富改变生活处境的冲劲，有了更多选择的孩子没有兴趣也不觉得有责任继续父辈的事业，干脆做自己喜欢的事情去了。重视家庭、重视自己的个人意愿，是当下二代有别于一代的常见差异。

第二种两代之间互相错配的期待是一代让二代进入企业，希望二代成长起来，能够掌控企业，但是一代认为二代没有能力，迟迟没有给予其承担责任的机会。仓促让没有领导力的二代领导企业，犹如架上火烤，二代只有职位权威，一级压一级，明明有错，员工难受不说，企业风险也很大。但是，期待二代具有一代那样水准的掌控力和个人权威，然后再授权实现权杖交接，那更是遥遥无期。这似乎是"先有蛋再有鸡，还是先有鸡再有蛋"的无解问题。但如果放在亲子关系中，似乎首先让步的确实应该是父辈。就像神枪手是子弹喂出来的一样，企业家会犯错，没有犯错就没有机会成长。也许在犯错中，还蕴藏了新时代企业发展的应对之策。花未全开月未圆，帮孩子守住底线，给孩子留出空间，给自己留出时间，不失为好的策略。

让子女历练掉坑，也许比给他更多的金钱更有价值。守成法祖的嘉庆帝，从 13 岁被秘密立储，谨小慎微，收敛一切光芒，少了年轻的冲劲，多了不属于他这个年纪的稳重，即便上位后，仍事事仿效父辈祖辈做法，连在承德避暑山庄的狩猎路线图都不敢偏离，尽管勤劳节俭有余，但不敢越雷池半步，最终错失工商业大发展与工业革命外部机会。不知晋魏，只有心目中的桃花源，就像非洲原始部落，文化方面裹足不前。这对于组织来说，就是失去了竞争力。

第二篇

关系篇

第四章　亲密关系

　　我们享受独处的时光，但是没有几个人能够忍受长期的孤独。成人间的亲密伙伴包括友人，也包括爱人。相爱之人拥有友人不具备的浪漫和激情。即便随着时间流逝，浪漫的激情会有所消退，但是爱人间相互理解、相互支持，设身处地为对方着想，并期待亲密关系继续存在下去。雄性动物之间的竞争，是为了获得与雌性动物的交配权，以繁殖为目的；人类具有一定的动物性，但是已经超越了仅仅是以繁衍为目的的索爱行为，人们从亲密关系中获得了更多的满足。从目的性的动物行为转变为精神需要的动机性社会行为，是唯有人类才有的。亲密关系是双刃剑，既能够给自己带来奖赏，同时也受到对方负面情绪的影响。亲密关系能让自己感知很多满足，也带给自己不少的伤害。①

　　探索新的世界与维持旧有亲密关系，是伴随人生的一对矛盾。我们跟母亲之间有"抱紧我""放下我""别管我"的三阶段成长关系，有趣的是，与配偶间也会出现类似的三个时期。在如胶

---

① 罗兰·米勒，丹尼尔·珀尔曼.亲密关系（第5版）[M].王伟平，译.北京：人民邮电出版社，2011.

似漆的浪漫阶段，与亲密伴侣形影不离，"一日不见，如隔三秋"，唯有"抱紧我"才让自己安心，伴侣间有的以"宝宝"相称，像是回到了幼儿时代。经过了热恋期，成人亲密关系的"婴儿期"也宣告结束，至少有一方率先感知到还有亲友、事业、个人梦想在等自己。但是，如果对方仍然在"婴儿期"，这就出现了亲密需求的不匹配。想被放下的人，会感觉一种天罗地网的束缚，就像少年期的孩子一样，偌大的世界要自己去探索。不少人，往往是男性，会开始留恋各种家外的场所。开车回家，到了车库也先不下车，享受一个人的安静。一个坚持"抱紧我"，一个坚持"放下我"，双方冲突会增多。女性的情感需求得不到满足，从失望转变为不再抱有期待的绝望，终会提出分手、离婚。要求对方"别管我"，像极了青春期的孩子，反抗和叛逆。有意思的是，恢复单身生活的人，过了一段时间会建立新一轮的亲密关系，进入又一个轮回的"抱紧我""放下我""别管我"阶段，一遍遍地重复人生的婴儿、少年和青春期。

一、亲密关系与演化适应性

大家互相深入了解，互相关心，彼此依赖，经常使用"我们"来表示利益和观点的一致性，亲密伙伴之间还有很高的信任度及忠诚度。亲密关系的幸福感来源于归属需要得到了满足，即便是经常吵架的伴侣关系，多数情况下也要比孤家寡人好很多。[1]

①Dush C M K, Amato P R. Consequences of Relationship Status and Quality for Subjective Well-being[J]. Journal of Social & Personal Relationships, 2005, 22（5）: 607-627.

归属感的形成具有社会演化的性质。在生存环境极为恶劣的人类早期，唯有形成团体、互相合作才更易生存，孤僻个体跟合群个体比起来会更容易丧失繁衍后代的能力。在乎别人看法力求得到认同，实现长期亲密关系的个性倾向，具有演化生物学的重大意义。

正是因为有些个体具有演化适应性的特质，所以他们更具有繁衍上的优势。男女性别差异的形成是演化的结果。遭受不同的繁殖困境，导致了男女的性别差异。假如在一年内，一个男性和 10 个不同女性发生性关系，理论上他可能会是 10 个孩子的父亲；一年内，一个女性和 10 个不同男性发生性关系，她能生育的孩子极有可能只有 1 个。作为父母，关于最小养育投入上，男性投入的可以很少，最极端的是只提供一颗精子，但是女性投入的要多得多，从怀胎到育儿。所以男性倾向于撒种子式的基因传播，而女性则是重在少而精。正是因为两性在生养孩子的养育投入上存在明显差别，导致了选择配偶的不同策略。女性会选择基因优秀、有经济能力、最好有时间精力帮助养育的男性为最佳配偶。但是男性呢，为使其基因繁衍成功的可能性更大，男性用数量的优势来弥补质量的不足。[1]女性在选择性伴侣方面要比男性谨慎很多，有魅力、阳刚的男性特质有吸引力，经济背景被放在很前面的位置。因为男性的社会资源、金钱财富能够帮助女性更成功

---

[1] 有兴趣的朋友可以关注罗宾·贝克的著作，国内翻译了《基因战争：一切家庭冲突的根源》《精子战争》等作品，出版方为广东旅游出版社。罗兰·米勒的《亲密关系》也介绍了相似的思想。

地养育孩子。因此，女性倾向于一夫一妻制，垄断性地获得自家男人的资源。两性还存在基因传播方面的另一个差异，那就是父亲不确定的困扰。父亲不能确定伴侣生下的孩子是不是自己的骨血，除非孩子长相几乎是跟自己一个模子里刻出来的，或者干脆求助于基于 DNA 的亲子鉴定。因此，男性也倾向于一夫一妻制。只有男性具有兑现婚礼上承诺的能力，而且做到忠诚于妻子，否则妻子都不敢为他怀孕。

二、恋爱关系与配偶选择

两代的亲子关系是人生的首个亲密关系，接下来是恋爱期。不少心理学家和情感咨询师都发现，人们如何选择伴侣是有家庭烙印的。人们往往按照心目中理想的父母来找对象，并期待新一轮的亲密关系能够治愈成长过程中自己受到的伤害。我们在原生家庭长大，目睹父母的相处模式，感悟自己的成长体验，看在眼里、记在心里。在婚姻大事的节骨眼上，人们总是按照心目中理想的夫妻关系、理想的为人父母关系来找"另一半"。如果对父母的婚姻持正面态度，那么按照父母模板来找对象是为了恩爱夫妻的幸福模式在自己身上得以延续。只有在这样的关系中，自己才能够继续"如鱼得水"，自在安逸；如果是讨厌原生家庭，这么多年看在眼里，想必是极力避免"三天一小吵、两天一大吵"或者相敬如"冰"的父母相处模式，要走出跟父母不一样的幸福生活。恋爱既不是独舞，也不是两个人的舞蹈，而是青年男女的两个家

庭在跳舞，因为我们按照原生家庭里学会的舞步，期待肢体协调，
就是互相匹配。

按照理想化的父母来找配偶的理论，很大程度来源于荣格的
心理学说。①每一个男性都蕴含着女性特质或者称为阴性基质，
又称为阿尼玛；每一个女性则都隐藏着男性特质或阳性基质，又
称为阿尼姆斯。当男性身上的阿尼玛高度聚集时，性格会变得容
易激动，看似阴郁；当女性身上的阿尼姆斯高度聚集时，女性追
求权力快感，带有明显攻击性。更重要的是，男性被女性吸引时，
就是被投射出去的阿尼玛吸引，找对象其实是试图找到自己的本
质。同样，女性找男性伴侣，也是如此。

长大后情侣间高质量的亲密关系对幼时童年的创伤有很强的
疗愈作用。幼时神经系统的创伤记忆，会在成年期有一次修复机
会，但至少需要三年到五年的高质量亲密关系。这段情感联结，
使情绪得到稳定，价值感被提升。配偶出差甚至长时期出国，也
仍然让在家的一方保持情绪的稳定，不会产生被抛弃的焦虑感。
当然，如果一方的不安全感较为严重，三五年的亲密关系可能尚

---

① 卡尔·荣格（1875—1961），瑞士心理学家，曾经追随弗洛伊德，后又发展了自己
的学说，创立荣格人格分析心理学理论。弗洛伊德笔下，"力比多"（Libido）是
性能量，是身体器官的各种快感，弗洛伊德将力比多（有时候也翻译成"性力"）
当作心理现象的驱动力，如果一个人早年力比多受过伤害，那么会引起终生的后果。
荣格显然反对这种人格的童年决定论，人生的后半生可以由期望与目标来塑造和改
变，崇高抱负和精神力量可以引导人性，尽管早年经历的黑暗力量确实影响了人生。
在荣格看来，人格结构有三个层次，第一个层次是思维、情绪、感知、记忆的意识层，
第二层次是看似被遗忘了的记忆、知觉和压抑的情感，是以情绪为主要内容的个体
潜意识，第三层次是全部有关先天遗传的本能和本能内在的潜意识意向，也就是集
体潜意识。

不足以改变不稳定的情感体验。最糟糕的是，如果幼年创伤后又遭遇成年后被抛弃，比如所依靠的配偶突然离世，可能需要心理治疗和药物的帮助。

幼时的亲密关系，与长大后的恋爱关系押韵合拍。理想的父母会让孩子感受到爱，而且是无条件的爱：需要关心和关爱时，父母总会适时出现；如果需要自己探索世界，父母会适时地放手。恋爱期的青年人，会退回到幼时的亲密关系，需要对方时对方就会出现，不需要对方时拥有自己的空间。如果我们恰好遇到的就是这样的伴侣，我们会感到很幸运，同时我们会变成孩子，要求另一半做到像自己父母那般。这显然是过分的要求。除了少数拯救型人格外，人们哪有这样的义务去满足对方所有的、像孩子般的需要。伴侣也是独立的人，需要尊重和理解。人们因此会失望、会吵架。很多看似对方不合理的、幼稚的需要，其实是对方在移情，将对理想父母的期望转移至对象、配偶。

正如上文提到的，在原生家庭，孩子对父母的期待要经历"抱紧我""放下我""别管我"这三个阶段，处在亲密关系中的青年男女们，也要经历这三个时期，这也是说幼时亲密关系与长大后亲密关系类似的原因所在。经历热恋期的青年男女们，有的说是18个月，荷尔蒙的激情逐渐消退，男女关系看似稳定，也会从"抱紧我"转向"放下我"，每个成年人仍然需要"一个人静静"，从二人世界回归到兼顾朋友圈的复合状态。同样地，如果对方不放手，会进一步强化"别管我"的内在诉求，从而产生类似于父母与青春期孩子冲突的"罗生门"。丈夫因为太太的唠叨而外出喝酒，妻子则是因为丈夫"不负责任"而唠叨。双方如果不能适时调整，再加上一些显性或者隐性的枷锁，比如婚姻约束或者孩子对完整家庭的期待，男女之间产生因为需求不能匹配的直接冲突，甚至是"热战"。有的家庭，这样的冲突伴随整个婚姻存续期。

三、缺乏亲密关系的原生家庭动因

人们期待亲密关系，可悲的是并非每个人都能够拥有亲密关系。中国传统社会的夫妻，亲密关系就很稀缺。一直以来，中国的家庭结构重视纵向的血缘连接，轻视了横向的夫妻关系。一旦亲子关系作为家庭情感的基础，两性关系就会居于次要位置。两性结合只是本能冲动，是权力结构，是占有欲的支配，就是没有爱的显著位置。所谓夫妻相敬如宾，两性之间有亲密的障碍，夫妇之爱只属于闺房之内，不能示于大庭广众。实用主义以及"夫为妻纲"的权力关系，阻碍我们获得爱的真义。《后汉书·梁鸿传》有云："为人赁舂，每归，妻为具食，不敢于鸿前仰视，举案齐眉。"太太将送饭的托盘举到眉毛一般高，哪来的无间亲密？

社会学家费孝通认为，中国的婚姻偏向于姻缘，而西方偏向于爱情。姻缘是缔结的，很像合约；爱情是相互的，是无他的承诺关系。在中国，还有缘分的说法，是对姻缘的缘起——为何在千万人中多看了你一眼——进行了中国式追问。"缘"之外还要配合有"分"。这给媒人运作和双方家长参与留足了空间。

　　亲密关系受文化影响，还跟个人特质有关。虽说质量好的亲朋好友，少数几个就够，但有的人连一个亲密关系都没有，即使有配偶，但是对配偶没有推心置腹地给予信任和依赖。如果说构造亲密关系是一种能力，那么能力强弱很大程度上归因于自己的原生家庭。

　　人们如果在婴幼儿期得到了精心呵护，关爱需求得到满足而没有缺失，就建立了安全感，不缺少稳定的亲密关系，长大后落落大方，对人友善。他们能快乐地与人交往，轻松构建信任的人际关系，不用特别担心被抛弃，归属于家庭、朋友圈、爱好群等一个个团体。乐观、平和是人们在第一象限表现出安全型亲密关系需求的典型特征，如图 4-1 所示。

　　如果在婴幼儿期没有得到所有的关照，像病痛、饥饿引致的哭闹能够得到大人的及时满足，而不适、孤独、信任等没有得到重视和满足，就会时不时地有焦虑的情绪，因为不确定父母（尤其是母亲）是否一定能够关照自己，所以长大后期待亲密关系，但还担心像小时候被忽视被抛弃，所以长大后对亲密关系有强烈需求，且过分依赖、过分索取。嫉妒、焦虑是人们在第二象限表现出贪婪型亲密关系需求的典型特征。

　　如果在婴幼儿期几乎没有得到爱的关照，在敌意中长大，可能是家庭当中不被期待就出生的孩子，从小的胆战心惊让他与别人构建亲密关系时畏缩不前，不相信自己能够得到关爱，缺乏自己值得被爱的信心。惧怕再次受到伤害，怀疑他人的友善，甚至与自己的父母都不愿意发生亲密接触。猜忌、多疑是人们在第三象限表现出恐惧型亲密关系需求的典型特征。

如果成长过程中曾经因为亲密关系带来不愉快的经历，从而对长大成人后的亲密关系不抱有期待，担心开启一段新的亲密关系会伤害到自己。出于得不偿失的心理，表现出不再需要他人的疏离状态。这样的人已经不在乎别人是否喜欢自己，也不需要所谓的归属感，自己就是全部世界。独立、冷淡是人们在第四象限表现出疏离型亲密关系需求的典型特征。

亲密关系的四种模式（见图4-1）符合马克斯·韦伯所说的理想类型。多数人是属于安全型，也有不少人处在第二象限、第三象限、第四象限，他们都是从代表性的社会现象抽象出来的。但凡是抽象，必然砍去了细枝末节，消除了个体丰富多彩的差异，剩下基本的、共同的特质。社会科学不可能完全按照自然科学那样去追索规律。我们总是试图搞清楚人们脑海中的观念及观念结构，这些观念有着极其复杂的层次差异，因此就需要建立逻辑关系，这样发展为理想类型，具备现实意义上的平均值，也有助于理解更多类似的常见现象。

四、母婴关系与成年后的亲密行为

一切亲密关系都是母婴关系的延续。成年人之间握手、拍背、拥抱，都是以身体接触表示亲密，是希望唤起对方幼时跟母亲一起时的安全、稳定和舒适之感。婴儿呱呱坠地，因为脱离与母亲的亲密接触产生巨大恐惧，被认为是生命历程最严重的创伤。[①]母亲如果此时能够予以拥抱，以温暖的胸膛、手臂及抚摸再造子宫拥抱孩子的环境，孩子的啼哭就能够戛然而止。尤其是左手拥抱、右手托臀的姿势，让孩子紧靠自己的左胸，能够以相同心跳的节奏唤醒孩子回到母体里的情境。如果辅之以轻轻地摇晃，也是再造了婴儿在母体里感受的轻微走路晃动。不少摇篮供应商设计了自动摇晃机械，其晃动节律大约是每分钟 60 次，安抚效果达到最佳。用柔软布料制作的松紧度合适的襁褓能够使孩子回忆母亲子宫的紧紧拥抱。接下来几个月母亲与孩子的亲密接触，比如紧抱婴儿、紧贴睡眠、母亲呼气吸气、母亲干活时将孩子背在背上，这是灵长类动物典型的模式。最有意思的要数"抓紧反射"，如果我们刺激婴儿手掌心，婴儿会立即条件反射紧紧抓住我们。在当代猿猴的身上仍然可以看到类似的反应，只是小猿猴抓的力量更加大，母猴随时能够带走受惊的小猴。

婴儿的微笑是所有灵长类动物中人类特有的行为，因为各类猿猴即便是婴儿时期，抓力也非常惊人，能够抓紧母亲依靠在母亲背上或者怀里。人类没有这种力量和能力，就衍生了其他母子亲密的机制：情感交流依托丰富的表情——以微笑表达。可以说，微笑是人类经过不断进化才具有的展示个人魅力抓紧母亲的手段。哭泣也是类似，人类泪腺的高度发达是一种渴望得到母亲安抚的信号，等待母亲的关注，期待被擦去眼角的泪水。微笑和哭

---

① 德斯蒙德·莫里斯. 亲密行为 [M]. 何道宽，译. 上海：上海译文出版社，2021.

泣都是实现与他人亲密行为的进化机制。

探索未知世界与维持亲密关系，是伴随人类成长过程的一对矛盾。随着年龄增长，逐步减少了对母亲身体接触的需要，但是仍然需要通过类似的替代机制给自己带来舒适的感受，比如婴儿奶嘴、柔软的布料和玩具，少儿即便暂时与母亲分离，但也能够获得类似于母亲的安全感。人们喜欢拍拍狗、摸摸猫，而不是摸摸狗、拍拍猫，因为体型大的狗，背部宽大且结实，是拍打人背部的良好替代物；而身体柔软的猫儿，其毛发丝滑更像人的头发。婴儿奶嘴到了成年人那里，会演化变为烟嘴，帮助压抑和紧张的人得到安抚。所谓的戒烟后会发胖，是因为嘴唇这个感官仍然有亲密接触的内在驱动，没有了香烟就只能借助食品通过嘴唇获得安全感，大量卡路里就是这么摄入的。很多人在紧张的时候，还会不自觉地把手伸进口袋，因为狭小温暖的口袋具有襁褓替代性的功能；睡不着时打开轻音乐，类似于母亲的呢喃；在看惊险恐怖电影时自觉地抱住抱枕；睡在床上听到窗户外的肆虐狂风和类似的虎狼咆哮，人们会自觉地蜷缩起来抱紧被子，都是一种安抚自己的方式。人们对宠物如狗和猫的喜爱，也有亲密关系的逻辑。

母子依恋的强度取决于婴儿期母婴接触的丰富和强烈程度。越是温暖的、和煦的而且是高频次身体接触越能提高婴儿的自尊感和安全感，也会提高孩子对母亲的依恋性。但是，随着孩子逐渐长大，需要"下地""自己走"，自己去探索新世界，母亲也要适时地鼓励和放手。最糟糕的情况是母亲对婴儿呵护不足、响应不力，甚至是严厉的苛责和惩罚；等到孩子长大，母亲也许有闲有钱，抓住孩子不放手，过于溺爱与关注，完全颠倒了感情和亲密行为的顺序。

我们既要母亲的亲密关系，也要尝试离开母亲实现分离与个体化。[①] 不过，我们总是不断地回味与母亲之间这种利他的、没有任何危险的亲密关系。因此，就有了一些替代性的人（比如爱人）或者替代性的动作（比如朋友的勾肩搭背）来延续亲密关系。

五、亲密沟通的阴阳两极现象

这是一对工薪族年轻夫妇的交谈，太太叫小丽，先生叫大伟，正在讨论最近开支较大的事情。

小丽：看到信用卡账单了吗？多了 5000 元。

大伟：最近同学、朋友喜事连连，买礼物多。

小丽：年底我们存不了 15 万元，不能去买车了。

大伟：会买的。我会多去外面做项目。

小丽：我们几乎周末都见不到。

大伟：太夸张了，即便出差，当天也能回来呀。你把账单想得太困难，说不准中彩票呢。

小丽：怎么可能中彩票？你整天不着家，我们像陌生人。

大伟：我去买明天早餐的牛奶了……

① Mahler M S，Pine F，Bergmen A. The Psychological Birth of the Human Infant[M]. New York：Basic Books，1975.

在这个小家庭里，作为阴极情绪的小丽先是发现问题，然后是扩大问题，接着是否决各种建设性的意见，自己容易沉浸在困难之中。作为阳极情绪的大伟则是看不到问题，主动忽视问题，想办法替代性地解决问题，当然遇到强烈负面情绪的太太，有时候也不得不回避一下问题。夫妻双方总有一个把问题看得很重，一个把问题看得很轻，比如表 4-1 揭示出夫妻情绪是有一定的分工的。

表 4-1　夫妻情绪的阴阳两极分工

阴极（小丽）		阳极（大伟）	
表达	分析	表达	分析
账单多了 5000 元	阴极发现问题	最近随份子开支大	阳极淡化问题
存不起钱买不了车了	阴极讲到更大的问题	会买的，因为我会多出差	阳极试图解决问题
周末见不到你	阴极认为方案不可行	说不准中彩票	阳极试图逗开心
不着家，像陌生人	阴极不接受	去买牛奶	阳极逃避情绪

在家庭关系中，情绪上的阴极和阳极并非固定地与女性和男性对应，也可能是丈夫更具阴极特质，而太太更具阳极特质。[①] 按照中国的阴阳学说，阴阳两极并非一个是朝前走另一个是拖后腿，而是阴阳和合，一个照顾大局、一个关注细节，一个开朗乐观、一个阴柔谨慎，孤阴不生，孤阳不长，构成了一

---

① 克里斯多福·孟. 亲密关系：通往灵魂的桥梁 [M]. 张德芬，余蕙玲，译. 长沙：湖南文艺出版社，2015.

个有张力和弹性的家庭，遇到挫折和困难也有较强的韧性。如表4-2所示，阳极总是倾向于乐观、注重大局、积极向好的一方面，总是倾向于解决问题。而阴极则是悲观，看到或者过分夸大错误，总是家庭问题的发现者。一个家庭正是夫妻和合、互为补充共同建设的矛盾又统一之系统。

表4-2　夫妻情绪阴阳分工的常见倾向

阴极	阳极
悲观主义	乐观主义
倾向于发现问题	倾向于解决问题
喜欢批评	热衷赞美
专挑错误	无视错误
注意小节	注重大局
放纵情绪	忽视情绪
指挥者	施工员

六、伤害亲密关系的四种沟通方式

夫妻双方如有以下四种沟通方式，会直接损害亲密关系。第一种就是批评。批评者的本意是通过陈述事实，确定问题，防止对方将来再犯同类错误，但是对方会感到被冒犯、被攻击。尤其是性格和能力方面被评判，比如"笨""自私"等词汇，自己马上会进入辩护状态。第二种是鄙视。当出现了各种讽刺、挖苦、贬低等敌意行为，是夫妻双方最危险的信号。好战的人，会表达这种攻击性的愤怒。第三种是辩护式沟通。本身是一种自我反抗，面对来自对方的批评和鄙视，本意是要停止争吵，但是变成了你批评我是错的，其实问题是你——你就不应该攻击我。看上去是盾牌，其实还是长矛。夫妻双方会认为最好的防守是进攻。第四种损害关系的是冷战，互相砌上冰冷的石墙。看上去，能够回避争执，但是也回避了亲密。常见的情况是女人说个没完，但男人坚持一声不吭，"懒得理你"。女人越是不被搭理、不让吵架，自己越是生气。

早晨，丈夫看到太太开的汽车大灯一晚上都亮着，立即有了负面的情绪，认为妻子做了不靠谱的事。汽车电路有消防危险，汽车电瓶可能没电导致点不着火。然后就开始对妻子进行负面评价：你是粗心大意、丢三落四，给家庭带来很多隐患的人。接着就想要正告"肇事者"，必须杜绝此事再犯。并且，摆出了我是环保主义者、是为家庭负责的人。

丈夫到了厨房，靠着门、双手抱胸前："你怎么老是忘记关大灯？你下车就不会再看一眼？"首先，这是疑问句，其实语气里也有质问的成分。其次，动作上有双手抱胸前的防守动作，明摆着压低了家里的大气压，一副要吵架的样子。最后，还出现了"老是"这样的用词，将这次行为归因为素质的问题、品德的问题。

妻子也不是"省油的灯"。她看似语气和缓，回答道："不知道谁上次车窗没有关，车座淋了很多雨。我看到后，什么也没说，关上就是了。"听得出来，妻子的回答其实是有力的反击。

以反讽的语气告知对方每个人都会犯错，包括看似大义凛然的丈夫。作为妻子更厉害的是"做好事不留名"。成功地反击了丈夫的吹毛求疵——眼里只有别人的缺点。

这是一次失败的沟通。之所以是失败，因为双方没有聚焦到"关汽车大灯"的话题。效果并不好，难以保证下次不会再现。这样的沟通会演化为争吵。一般说来，语言的沟通三成靠内容七成靠态度。也可以说，人们忽视内容本身而关注到对方的态度。需要丈夫抹去傲慢与指责等无助于沟通的态度，妻子才能意识到自己的问题。曾经有猎人介绍捉猴子的技术：选择一个瓶子里面放上樱桃，瓶口大小恰好适合手伸进去，但只要手里握着东西，瓶口大小就卡住手出不来。贪婪且不懂"舍得"的猴子，就是因为不放弃樱桃，结果手被瓶子束缚，容易被猎人抓住了。樱桃是猎人的诱饵，是猴子对自己的奖励。很多人不会放弃这样的奖励，就像丈夫抓住了妻子的问题有一种责难他人的快意，但是会导致夫妻的冲突。

通常来说，我们的表达习惯是：我觉得你、你们或者公司应该做点什么。责任都是在对方，我代表正义。这就是诱饵。要避免夫妻冲突，应该是我觉得我能做点什么。大家都不想被对方指责，那就"己所不欲，勿施于人"，自己多做一点，自己来做。在家里，试图指出别人正在犯的错，效果一般都不大好，因为对方有了屈辱感。如此继续沟通，违背了沟通的更大目标，即双方更加亲密、家庭更加和谐。

夫妻双方争吵的常见情况是一方先生气，理由是另一方做了什么或者没做什么。比如正在做晚餐的妻子嫌弃丈夫看到酱油瓶倒了也没有去扶一下，最后妻子不得不出手扶起来，但是一个晚上都似乎在强压怒火闷闷不乐，尤其看到丈夫在刷着视频怡然自得、嘿嘿在乐，更加嫌弃丈夫的本性、出身、责任感，甚至悲叹自己不幸的人生。大家知道这样的情绪最后终究会发展为争吵，而且丈夫还觉得莫名其妙。这当然都属于沟通问题。但是如何沟通呢？

马歇尔·卢森堡在 20 世纪 60 年代提出了非暴力沟通的方式，首先是清晰地表达观察到的结果，其次是表达出自己的感受，接着是将自己的真实需要向对方清晰地展示出来，让对方知道是什么内心需求才导致了这样的感受，当然最后是提出非常具体的请求，期待对方反馈。[①] 我们常见的表达方法要做修改，将"我生气是因为你没有扶起酱油瓶来"改为"我生气是因为我需要一个整洁的厨房，洒出来的酱油汁让我更加烦躁"。前者是将我的生气归咎于你，后者是表达我的情绪，表达我的需要。做丈夫的如果被指责，可能要反击，从而导致夫妻吵架。相反，如果是要去成就妻子的快乐，相信丈夫更容易做到。我们把渴望表达得越清楚，越容易被满足。

应该说，只要我们不是像鲁滨孙那样独居小岛，那么沟通就是在这个网络化世界里几乎天天都要做的事情。非暴力沟通的优

---

① 马歇尔·卢森堡. 非暴力沟通 [M]. 阮胤华，译. 北京：华夏出版社，2009.

势是能够帮你从情绪中摆脱出来，提出观察的事实以及我的内在精神需求这两个要素是能够与情绪区别出来的。"不带评论的观察"是如此的稀缺，甚至被认为是一种高智力水平的体现。很多时候，自己觉得明明是在沟通，却无法得到对方的响应。因为对方觉得你是在压迫，根本就不算沟通。卢森堡的四个步骤，帮助人们扭转负面的情绪和思维，用温和的方式化解冲突，让自己的需求得到对方理解。要成为有效的沟通者，首先要成为好的倾听者。为什么说一个人情商高是重要优势？因为爱自己爱他人，尊重自己的内在精神需求，也关注到别人的需要，具有同理心，是良好的沟通者。

第五章　夫妻关系

以夫妻关系为核心的家庭，往往被理解为现代家庭的基本结构，也经常被称为西方式的家庭。因为中国几千年文化传统中，一直是轻横向夫妻关系，重纵向亲子关系。中国传统家庭结构自然有助于子孙后代得到更多资源和关注，履行"你养我小，我养你老"的家庭责任，有利于血脉繁衍。但是甘蔗没有两头甜，这样的家庭因为父母过度关注孩子，让孩子承载更多的责任，他们有明显的束缚感，也容易卷入父母的冲突，长大后还有常见的紧张婆媳关系。

工业化也让中国家庭关系发生微妙的变化，父母与未成年孩子组建的核心家庭模式成为主流，扩张家庭、主干家庭越来越少，因为不再同居、共财、合炊，父母对成年孩子的影响力式微。但是文化的力量非常强大，核心家庭仍然沿袭了很多传统的要素，父母对未成年孩子或者已经成年但仍然共同居住的孩子影响力仍然很大，父母焦虑感有增无减，孩子无法自我分化的弊端不断涌现。即便子女婚嫁离开父母，但是父母仍然凭借给出很多资源而影响年轻小夫妻的生活，离婚率持续上升与双方父母的干预有关。

从纵向联结转移到横向关系，将情感与心灵寄托给到配偶，才是提升家庭生活质量的关键。夫妻并非只有老来伴。

成就横向的夫妻关系，还有待孩子的主动分离。刚出生三个月的婴儿自然无法区分自己和母亲。此时与孩子的充分互动，积极响应孩子的需求，给予无微不至的关怀、照顾、喜悦和开心，有利于孩子树立健康人格、较强的自信和自尊心，长大后"不亏"的完整心理人格。孩子在长大，会意识到母亲是母亲，我是我，也因此对生命中的最重要他人——母亲开始有了评价：好母亲还是坏母亲。能够积极响应自己需求，开心温柔的母亲是好母亲；而不在身边，时常一脸严肃，对自己的诉求置之不理的母亲，则是坏母亲。这不属于一分为二的哲学观，而是朴素的分裂，在很长时间里期待好母亲的孩子面对的却是坏母亲，直到他能够统一整合母亲的形象，好的坏的都是我母亲，而更重要的是她和我不一样。反观那些打小就温顺服从孝道的人，却很有可能是缺乏自我，少些自信，"为别人而活"。这也就是荣格心理学所说的"人格面具"。他们通过获得别人的认可而觉得自己有价值。这样培养出来的孩子往往谦卑和内省，但缺少源于内心的驱动力。因为家长往往在培养孩子的时候，经常用分明的赏罚来诱导孩子做所谓正确的事，这是家庭教育的重要内容，也是帮助孩子实现社会化的过程，但也偏离了孩子发自内心的渴求。孩子的世界要自己去探索，不能永远在父母设定的框框内约束自己，甚至不敢拓展认知的边界。离开父母，不仅仅是物理上的隔离，更是在认知上的超越，成为不同于父母的自己。

成就横向的夫妻关系，还有待双方父母的主动分离。因为重视纵向亲子关系，导致了中国常见的婆媳难题。因为母亲的关注点一直在儿子身上，不免会担心外来的儿媳妇是否抢夺孩子的爱，从而对儿媳妇保持谨慎与敏感的心态，母亲对已经长大成家的孩子一家的关注，影响年轻一代女性掌管小家庭内部事务。这种家庭关系与传统女性"在家从父，出嫁从夫，夫死从子"的角色是一致的。当然，婆媳关系未必都是婆婆的问题，也存在媳妇将对自己母亲的厌恶投射到婆婆身上导致双方的不和谐。在婆媳关系中，也不能只是将儿子当作无辜的第三方。处于母子禁锢关系中的儿子期待被放手，内心因为无法反抗母亲，所以要让自己的妻子去承受，这是一种三角化的方式，即联合妻子逃离母亲，这就是儿媳妇对婆婆的另外一种愤怒来源。根据能量的守恒，如果丈夫对待婆婆的反抗精神越强，那么作为儿媳妇的自己也就没有必要对婆婆有太高的愤怒感，婆媳冲突会有所缓解。现实生活中，往往都是丈夫的懦弱和"愚孝"，导致了妻子与母亲的关系紧张。

一、配偶原本不完美

婚姻对象，要同时满足多种功能，难度可想而知。爱情是精神生活，追求理想原则；过日子是家庭生活，遵循现实原则；性是肉体生活，实现快乐目标。配偶同时要满足三个条件，实在不易。闺蜜圈经常讨论"不可能三角"：多金、长得帅，还要天天黏着你、爱着你，不可兼得。这也意味着无论跟谁结婚，都有后悔的感觉，因为总有某一方面不能满足你的要求，当然最惨的是三个条件都不及格。也正是上述原因，所谓的幸福感就是喜欢着对方的优点，也能够忍受对方的缺点，这也就是所谓的"因为对方的优点而谈恋爱，却要跟缺点过生活"。不得不指出一个更加残酷的事实，前面提到要同时满足三个条件都很困难，但是事实上还有第四个、第五个条件，比如相夫教子的能力：教育是两性合作，还要求黑脸白脸功能互补。多少家庭因为孩子读书吵得不可开交了。前文提到，费孝通先生说过婚姻上的中西差异，中国式婚姻讲究缘分，而西方关注于爱情。等到想离婚的时候，中国家庭会问：是否还能过？西方家庭则是思考：是否已经没有爱情？爱情源于法国骑士之爱，是突破束缚的冲动，高于现有的社会准则，反对教会的禁令，是突破枷锁的浪漫主义。而中国实用主义一开始就强调的是"合"，一种天人合一的和谐关系，是兼顾到经济、社会多方面的。日子能否再过下去？夫妻双方以及各自家族的价值观念就异常重要。配偶身上的毛病，有的家庭能够见怪不怪，有的则是无法忍受、赶紧止损，无所谓爱与不爱。

当然，接受配偶不完美的事实，不能以完美的多维度标准做出要求才是维护婚姻质量的法宝。同样地，因为现有婚姻缺少某项功能进而要推倒重来，重新建立一段感情组成新的婚姻关系，会发现成本极高。我们常常看不清自己最糟糕的一面，选择性地忽视缺点。我们更看不清对方糟糕的那一面，就像我们看天上的月亮，亮的一面永远对着你，而暗的一面你永远看不到。

人们不自觉地以自己"完美父母"的形象去找对象，期待按照理想伴侣过婚姻生活，这是心理学告诉大家的真实。如果男性认同母亲，那么会按照母亲的特质去找自己的太太；女性认同父亲，那么会按照父亲的特质去找自己的先生。如若对父母极不满意，那么会按照心目中的理想父母——避免父母的致命缺点——选择配偶，但是原生家庭父母的形象会根深蒂固，不知不觉地重复上一代人的生活。

如果婚姻是期待幸福，那离婚更像是止损，是在无法实现原来指望共同幸福的情况下实现个人的幸福。先前以为有了对方之后，生活就远离风雨，殊不知婚后的风雨就是对方带来的。这种观点很大程度上也为自己的离婚决策做出合理性的注解。多数情况下，婚姻失败不是一个人的问题，是"你打我一拳，我踢你一脚"——双方错误不断累积，伤害一步步加深的结果。理性的人会及时止损，避免同归于尽，损失后面自己的幸福生活。这一趟走过来，从相遇相知的同心同德，遇到困难同舟共济，如果过着过着就开始同床异梦，接下来可能就要同室操戈，最糟的就是同归于尽。

社会影响、子女教育、析产困难、经济能力不足等因素限制离婚，当然也有不少是情绪爆发、仓促间做出的离婚决定。《民法典》将离婚冷静期纳入离婚程序。在政府的婚姻登记部门收到夫妻离婚登记申请之日起 30 日内，任何一方不愿意离婚的，可以撤回离婚登记申请。在"闪婚"不能直接干预的情况下，政府对于"闪离"做了适当的干预，希望夫妻能够慎重考虑。法律还规定，冷静期届满后还是要申请离婚的，经过婚姻登记部门审查后予以批准离婚；但是如果冷静期满后的 30 日内，双方未共同到婚姻登记机关申请发给离婚证的，视为撤回离婚登记申请。也就是说冷静期期满后，超过 31 天还没有申请离婚的，但是之后又觉得还是需要离婚，那么之前的离婚申请无效，要重新再申请，再进入一个 30 天的冷静期。当然，如果是起诉离婚，大难临头的同林鸟儿各自飞，不再受冷静期的限制。

二、性别差异与夫妻关系

男人来自火星，女人来自金星。[①] 平均说来，男人比女人个子高、质量大，骨骼、肌肉及肌糖原含量都要明显更多，五脏中胃的容量、心脏体积及肺活量都较大。性别差异还有来自脑科学的研究。男女间的更大差异在大脑，虽然男性的大脑更重，但是女性的大脑皮层的褶皱层更复杂，大脑灰质比例更高，大脑额叶部位更大，而男性的顶叶皮层和杏仁核则比女性大。海马体是大脑记忆和存储信息的部位，女性该部位的活性优于男性，女性胼胝体更发达，对视觉信息处理更敏感和快速。胼胝体是连接左右大脑半球的纤维束板，女性的胼胝体更发达意味着右脑的情绪更

[①] 约翰·格雷.男人来自火星，女人来自金星 [M].黄钦，尧俊芳，译.长春：吉林文史出版社，2006.

能被左脑的语言表达出来，从而表达情感的能力更强。不仅自己的情绪表达能力强，女性更能敏感地捕捉他人的情绪变化。男性在制造血清素方面的能力超过女性，更容易从不开心的事情恢复过来，而女性则是更容易纠结进而精神抑郁。从这个角度看，家庭里情绪的低点在母亲。如果母亲焦虑，全家跟着焦虑；如果母亲开心，全家开心。女性可以在以力量为主导的社会中假装被驯服，但也因此产生了韧性。

认知差异影响到了性别差异。男性更倾向于聚焦，而女性更倾向于发散。据说这跟最早期的家庭分工有关，女性擅长"采集"而男性外出"狩猎"。狩猎需要消耗大量体力，需要心肺功能发达、擅长运动和有力量的男性来承担，且从事的狩猎具有较高的风险性，"目标—方法"的解决方案必须是聚焦和理性；而采集，适合拥有更发达视觉系统的女性来承担，是一边走一边看，成果只是和时间相关，方法相对不重要，耐性更重要。这些就决定了思维习惯、做事风格与交流模式都不同。男性思维习惯"搭桥"，考虑前后关联和逻辑过程，注重的是结果；而女性擅长横向思维，有多维度网络化的思考特性，考虑因素较多后就容易难以抉择，看上去就是优柔寡断。当然，男性点对点的快速决定，有时候会被理解为莽撞，因为少些周全的思考。这也就是为什么说男性更注重整体而女性则关注细节。

无论是来自大脑的生理差异，还是社会塑造的性别差异，试图让男人改变女人，抑或女人改变男人，都是极为困难的。尤其对于夫妻双方来说，试图改变对方总会以失望告终。

男女的家庭观也有统计学意义上的差异。幸福美满的家庭往往是不少女人一生都在努力的终极目标。学业、感情、职场、事业、朋友……所有这些经历的终点是家庭，尤其是结了婚有了孩子，就会将家庭作为中心，是直升机的基地——完成短暂的任务马上回来。男性明显不同，他更像把家庭当作生涯的起点。"男主外女主内"的社会角色全球通用，缺少事业的成功，整天待在家里做"家庭煮夫"让很多男人放不下脸，即便很多时候妻子主外确有分工优势。离开家庭把重点放在闯荡事业上，看上去是男人的天职。家只是衡量男人成就的表征而已，家的房子、家的汽车、家的陈设品。男人为"我"而活，女人为"我家的"而活，我家的孩子、我家的老公、我家的父母等。既然长期有这样的分工，那么到了退休年龄，男人回到家庭就会遇到不适应的问题。因为家是老婆的，她一直在经营着家。家庭不能有两个主事人。很多男性企业家迟迟不退休，有家庭夫妻分工的因素，每天 24 小时面对太太该如何相处？他一直以来在家庭的地位就是因为在企业的成就，没有企业可以经营，如何维护自己的价值感？很多人不知从中年的什么阶段开始，下班以后就先和朋友喝酒、打牌，享受不在职场的自由，也远离太太的唠叨。认知神经科学研究学者洪兰教授说男性一天只讲 7000 个字就够了，而女性要讲足 2 万字才行。她在家等着丈夫回来，把上班时候跟同事讲了一些但没有讲完的话倾诉完。罗兰·米勒说，女性更健谈是一种刻板印象，从男女大学生一天讲话的单词数量看，差别并不明显，不过，男生虽不如女生那么畅所欲言，但是一旦开讲就是滔滔不绝，而且不容别人轻易打断，而女生话多但是不会做长篇独白演讲。应该说，这也是男女差异。

　　来自台湾的心理学者林昆辉坚持认为家庭的动力来自夫妻之情而非男女爱情。[①] 或者说，婚姻就是爱情的坟墓。婚姻或者说家庭，肯定不仅仅只有男女之爱，还涉及合作的经济问题、赡养的伦理问题、男女权力结构的政治问题、家庭教育问题、遗传与疾病的医学问题等。当爱情的浪漫主义解决柴米油盐酱醋茶背后的诸多问题遇阻碰壁之时，"坟墓论"会得到他们的支持。当然不少人与林昆辉看法不同。而且还普遍性地存在性别差异，反对"坟墓论"的以女性居多。

　　恩情，既是孩子感受到父母的舐犊之情，还是夫妻之间互相感受到的让家业绽放互相成就的精彩。每一个成功的男人背后都有一个伟大的女人。反之亦然。婚姻破裂对个人健康及事业的损害非常之大。从这个角度看，《民法典》规定了即便一方在外工作，其获得的劳动报酬、投资收益的收入仍然属于夫妻共同财产，做家务劳动的一方仍然有支配权，是对双方的保护。家庭是事业的大后方，家庭不稳事业难成。

---

① 林昆辉. 家庭心理学 [M]. 北京：电子工业出版社，2014.

三、夫妻关系中的爱与权力

家庭生活有双核心，一是爱，二是权力。亲密关系中的浪漫期比我们想象得要短，紧随其后的就是两人的权力斗争期。[①]情人眼里的"西施"也有很多缺点，而且情人开始厌恶这些缺点，并希望对方改正缺点。事实上，所谓的优点和缺点就像对错一样，具有很明显的个人主观性。"彼之砒霜，我之蜜糖。"最终，没有所谓的对错，只是彼此不一样，如此而已。但，如果碰巧对方总是期望能和他们家的生活方式、思维习惯、想法理念相一致，总是试图消除这种分歧，争吵就是最常见的方式。其本质是一种臣服效应，以呵斥、哭喊要对方服从自己的观点，一种带有情绪的权力斗争。很多夫妻就沦陷在长时段的权力斗争期无法自拔，两天一小吵、三天一大吵，还在试图让对方服从，这种努力几乎要尝试一辈子。一旦意识到吵累了，夫妻过成了兄弟，双人床换成了上下铺。不得不说的是，有些家庭夫妻争吵是一种双方的羁绊，长年累月的争吵变成了一种生活模式，似乎成为生活的一部分。人生不如意乃十之八九，可与人言无二三。

愤怒，是对自己无能状态的不满意，为自己无能而产生的一种无能感。有时候，夸张的愤怒是一种威慑，以实现对方诚服。更多时候，愤怒是因为无法改变的自卑，自卑和无能感可能出于某种家庭原因。长大后我们有能力有意识改变很多东西，但是潜

---

① 麦基卓，黄焕祥.懂得爱：在亲密关系中成长[M].易之新，译.深圳：深圳报业集团出版社，2007.

意识里有从小就不敢反抗而形成的惯性。比如，小时候看到父母的争吵感到恐惧，长大后虽然已经能够独立，按理已经没有这样的恐惧感，但是听到父母的吵架仍然坐立不安。每个人透过愤怒看到自己的自卑。愤怒的前面，还可能是羡慕和嫉妒，也就是所谓的羡慕、嫉妒、恨。

权力斗争期之后的整合期，是超越嫉妒、愤怒的情绪，不再把看似失控的情绪当作控制对方的工具，愿意呈现真实的状态，也能够分享脆弱背后的人生过程，这种亲密关系中，双方的分享帮助对方获得尊重感，互相理解、互相容纳对方的深层次需求。不是所有的家庭都能够进入整合期。承诺期是双方不仅互相承诺，还能够在了解过去历史和脆弱的基础上，向生活和自己承诺。虽然权力斗争还时不时地会出现，但是仍然有继续一起生活的意愿，双方对维持亲密关系保持信心，尊重、负责、求同存异地面对双方的差异。亲密关系的最终阶段是携手共创，迎接各种任务的挑战。

"要管"与"服管"是夫妻都可以选择的策略。这种 2×2 的博弈，有四种结果（见图5-1）：第一种是丈夫管妻子的同时，妻子也想管丈夫，这是明显的矛盾，因为谁都想做家庭的掌权人，要求对方听自己的。经常是上一场硝烟还未全部散尽新一轮战火又已经燃起。第二种是丈夫管妻子，同时妻子服从、被丈夫管，一个愿打一个愿挨，一个命令一个执行，互相配合。当然，第三种类似，是丈夫服从妻子管，妻子要管丈夫。丈夫看似没有实际权力，但是想着一切听妻子的其实就是一切由妻子来负责，咸吃萝卜淡操心，大小事项妻子爱管管去。太太里外一把手，先生甘之若饴。我们希望自己是对的，还是希望自己是快乐的？终极目标还是幸福与快乐。让妻子管有何不可？第四种是丈夫期待被管、妻子也期待被管。大家都等着被关照、被管理，那么谁来管对方呢？只能各顾各的。久而久之，夫妻互不依靠，逐渐疏远。

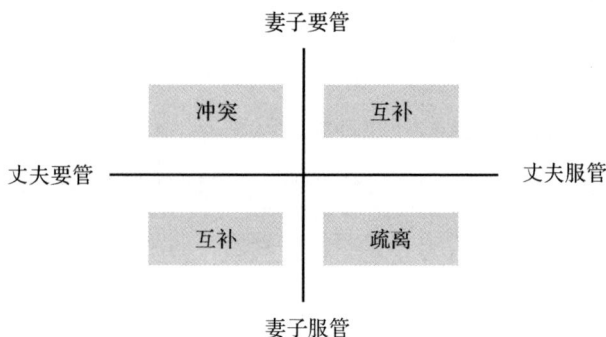

图 5-1　夫妻策略的不同结果

　　类型学是静态的，一对夫妻正处在四种夫妻相处模式中的某一种。但假以时日，相处模式会变化。新婚阶段，郎情妾意如胶似漆，很少有第四种互相疏离型。最常见的是互补型：夫管妻、妻管夫这第二种或者第三种类型，第一种互相冲突都少见。随着柴米油盐酱醋茶占据生活的比重上升，同时"春节到谁家过年"等"大"的决定在挑战年轻夫妇，模式一的热战会时有发生。当然，在磨合期之后，会进入相对稳定的夫管妻或者妻管夫的互补性相处模式。但即便如此，互补型也不是亘古不变的。如果被管一方已经不满足于权力下位，试图"从奴隶到将军"，进而夫妻进入模式一的冲突型。如果凭借事业、学业、健康等原因在家庭中的话语权上升，而另一方可资依靠的资源逐步丧失，那么夫妻权力上下位极可能出现逆转。如果挑战不甚成功，夫妻可能维持在第一种冲突状态，或者进入第四种的疏离状态。当然，也不排除回到原来的权力结构，"起义失败"。

四种夫妻相处模式哪种更好？恐怕没有标准答案。长期冲突、互相疏离固然导致"婚姻是爱情的坟墓"，但是偶然的冲突、各自"需要静静"，经常是婚姻的真实。只要争吵和敌视不是常态，家庭生活质量都还尚可。

更有意思的是，一个家庭每个成员对夫妻关系模式有不同的评价。孩子认为这个家庭是夫妻冲突型，先生认为是妻子管丈夫型，妻子却自评为丈夫管妻子型，好像每个人都很委屈。这种心态下，人们不由地想伸张正义走向自由，结果自然是多些摩擦。评估自己属于哪种状态，确认配偶属于哪种状态，进而知晓夫妻相处模式是什么类型，显得非常重要。看来，重要的不在于四种关系模式哪种最好，而在于知晓双方各自状态，愿意协调并趋同到某一种类型，接下来就是规范和执行自己在这种类型里的角色就行，这样的履行角色符合对方的期待，可以获得协调的婚姻生活。

四、夫妻权力斗争的若干亚型

"要管"与"服管"形成权力斗争下四种夫妻相处的主要类型，其实各种类型下还有若干种亚型。

（一）夫妻互管的冲突模式

在第一大类，夫妻互管的冲突模式里，双方还可以分为"内心"与"外露"两种，因此出现了四种亚型（见图5-2）：丈夫内心想管妻子且妻子内心想管丈夫、丈夫外露地管妻子且妻子内心想管丈夫、丈夫内心想管妻子且妻子外露地管丈夫、丈夫外露地管妻子且妻子外露地管丈夫。[①]

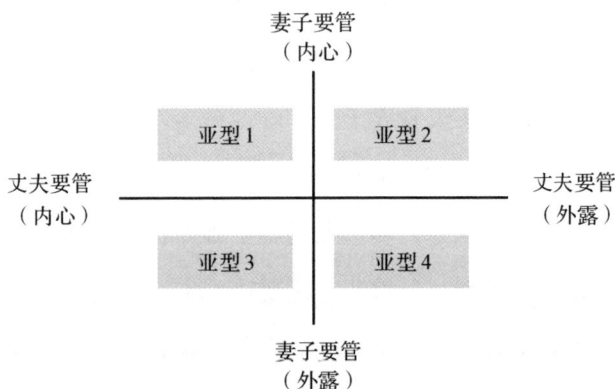

图 5-2　冲突型夫妻关系的四种亚型

那些夫妻双方在内心上试图管着对方的家庭，因为没有外露，

---

① 林昆辉教授在《家庭心理学》里将"我要管"分为"藏在心里""语言表达""行动展示"三种，进而夫妻冲突型就有九个亚种。本书认为分为"内心""外露"两种类型更具有典型性和简约性。

经常被误认为是第四大类疏远型。看似表面平静，但是大海深处波涛汹涌，大家暗中较劲但尚未热战，可能觉得爆发热战有伤体面，不过仍然坚信自己才是一家之主，若感受不到对方的诚服，会生着闷气，坐等下次打败对方的机会。疏远型夫妻确实不会关注到彼此，但是这种亚型的夫妻俩偷瞄对方的一言一行，在意对方，想控制对方，这就是亚型1。还有典型的亚型是夫妻一方霸气外露，而另一方是相对内敛，如亚型2、亚型3。比如家庭里妻子是火力全开，快人快语，丈夫默不作声，但是丈夫经常把妻子的个人决定当作挑衅，心里贬损对方，明讽暗嘲对方考虑不周却常常喜欢做主。有时候被气得两眼通红，但是表达不出来，"孬种"的自我评价萦绕在脑海，婚姻满意度很低。夫妻冲突的最后一个亚型4是丈夫与妻子互相外露地表示出掌控地位，由于不被对方接受，这样的家庭里火星碰地球可谓金石铿锵，在这种家庭中生活的孩子处在水深火热中，唯有期待向其他几种亚型变迁，否则就是家庭破裂。

喜欢和爱，都是心向往之，都是喜闻乐见。对田野或山间一株花的喜欢，想摘花，是占有的倾向；而爱，是浇水、施肥及呵护。因此喜欢是放肆的，而爱是克制的。喜欢是占有对方的现在，而爱是一起拥有未来。

相爱之人为何矛盾重重？因爱组建的家庭为何变得水深火热？爱还需要能力。爱不仅仅是给予，对方能够接受才是爱。表达爱，是要用对方能够接受的方式。父母亲对青春期孩子的爱，不是捧在手里、含在嘴里，而是放手。被爱不是被动地接受，而是要主动选择被爱的形式，不仅成就对方的爱心，而且还要表达真实的需求。爱作为一种能力，不仅是助人，还要成人之美。表达爱，需要小心斟酌对方的需求，要知道对方不要什么。古代，豪门大户年终给穷人送银子帮助过年关，要选一个黑灯瞎火的日子，包上银两偷偷扔到人家窗户里。不是施舍，只是善心。佛教徒化缘，主动求人家施舍，让只过上温饱的普通家庭也拥有善念，顺利完成善举。如今不少冤家夫妻，互相将"己所欲，施于人"，全然不管对方是否需要，只能是爱心出发，冲突结束。被爱之人，比如妻子，不主动提出自己的需求，模糊地表达愿望，让直男丈夫猜，丈夫觉得莫名其妙然后呼呼大睡，留下妻子郁郁寡欢。

爱的能力在原生家庭里就要培养。有些父母表达爱的能力很弱，全然不顾孩子是否需要，以自己的理解阐释无人懂的爱心。因为模仿，将来培养出来的可能也是缺乏爱之能力的孩子。

（二）夫妻互补的冲突模式

第二大类、第三大类都是互补型，一个愿打一个愿挨，但是"打"的一方是否合理合法、"挨"的一方是否心甘情愿还未可知，因此出现了四种亚型。[1] 它们分别是夫妻关系为管理者管得好且被管理者心甘情愿、管理者管得好但被管理者不情愿、管理者管得不好但被管理者心甘情愿、管理者管得不好且被管理者不情愿。图

---

[1] 林昆辉. 家庭心理学 [M]. 北京：电子工业出版社，2014.

5-3 以妻子管、丈夫被管的夫妻模式为例。

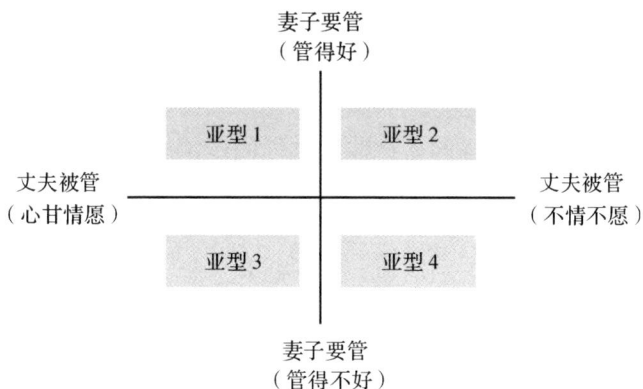

图 5-3　互补型夫妻关系的四种亚型

　　第一种亚型，管理者管得好且被管理者心甘情愿，是一种生活美满的家庭，管理者看似权力上位，但是将全家人包括被管理者的福利作为自己效用函数的自变量，重视被管理者，妥善地处理双方可能有冲突的领域，尤其对配偶的父母、朋友表示了足够的尊重。家庭在如此的管理之下，被管的人心悦诚服，欲望满足乐得轻松，身心愉悦。在一些女大男小的家庭里，丈夫似乎回到了原生家庭，妻子掌管生活就像母亲管理年少的自己，生活模式熟悉，自己身心自在。

　　第二种亚型是管理者明明管得好，被管理者却不情不愿，这是有矛盾的互补型夫妻。这种矛盾主要来源于被管理者的认知冲突，一方感知到作为被管理者，配合卓有成效的管理者是最适合家庭的，但是拒绝自己是被管理者的身份认同。作为辛劳且有功劳的管理者，以责任者的身份付出却没有得到认可，进而失去管理的动力。对管理者来说，管理是一种付出，是爱的表现。对方明明照单全收了"衣来伸手饭来张口"的福利，却对他人付出嗤之以鼻。自我中心强的人往往有这样的认知冲突，享受着被宠爱的供奉又有砸锅反抗的任性。林昆辉教授称这类人是"你宠坏了我，我不想被宠坏"的叛逆。也许，有一些"救世主"心态的奉献者，甘愿做着不讨好的脏活累活。家庭陷入付出与反抗的旋涡。

第三种亚型是管理者管得不好但被管理者心甘情愿。管理者的瞎指挥，手下就是有一个没头脑的追随者，颇有悲情色彩。一方胡作非为，另一方忍辱服从，外人看到都直摇头。在巨大的心理应激状态下，"被害者"却对"加害者"产生了依赖，不仅默许对方的过分行为，还一起联手对付别人，颇有斯德哥尔摩综合征的味道。除非"加害者"提出，否则"被害人"不会提出离婚。就像《平凡的世界》里少安、少平的姐姐孙兰花，她老实本分，"二流子"王满盈对她有致命的吸引力，不顾家人反对一定要嫁。生下一儿一女后，"逛鬼"丈夫常年不在家，也没有赚钱养老婆孩子，可怜的兰花既当爹来又当妈，还要当劳力。看到男人邋邋遢遢回来，兰花心疼地对男人说："家里还有六颗鸡蛋，我回去就煮！你和俩孩子三个人，一人两个！"她把过年才回几天家的丈夫当祖宗一样供着，只求这个全村与娘家都不待见的人守着她，什么活都不干，她就足够了。幸福如人饮水，冷暖自知。幸福不在别人眼里，而在自己心里，外人也不好多说。

第四种亚型是管理者管得不好且被管理者觉得不情愿。管得好并不容易。柴米油盐管得好，只是在厨房满足了大家的饮食需求。子女教育能够管得好吗？邻里关系能够处理好吗？理财投资能够做正确的决策吗？每个领域都有专门的知识和特殊技巧。管得好是要由被管理者来评价的。心甘情愿是经历各种事件后的心悦诚服。有几个是天然的多面手？明明管得不好，还要对方俯首称臣？有时候因为生活方式的惯性，虽然不甘愿被管，但囿于家庭保全的需要，多一事不如少一事，延续既有模式。如果管理者不能适可而止，侵犯基本权利，出现暴力和虐待，被管理者既有可能一味忍受，也可能奋起反抗。

（三）夫妻疏离的冲突模式

第四大类是疏离型。不管着对方，也没有被对方管。大家相敬如宾，也是相敬如"冰"。前文说过，每个人都期待某种亲密关系。有些夫妻内心还是期待被管，期待被了解，期待被疼爱，可惜没有人主动走出这一步。

经由自由恋爱组建的家庭至少在开始阶段不会有疏离型。在恋爱期，男女相处的模式很符合家庭角色扮演的性质，两人只有"兄—妹"模式与"姐—弟"模式两种类型，没有绝对的男女平等"五五开"的共同决策。如果说权力上位者是男性，那么就是"兄—妹"模式；如果权力上位者是女性，那么就是"姐—弟"

模式。即便是同性恋也是如此，如男同性恋，其中一位扮演"女性"；如女同性恋，其中一位扮演"男性"。既然有权力上下位，有"管"或者"被管"，那么婚后为何还是出现了疏离——不需要"我来管你"与"被你所管"？极有可能是长期的挫败、怨恨使得不再对双方关系抱有期望。当然，还有一些包办婚姻，一开始就没有相知相爱，只是"男大当婚女大当嫁"，完成各自原生家庭的任务而已，生儿育女的使命完成就各过各的。

在夫妻期待对方来管但是不管对方的疏离模式里，双方还可以分为"内心"与"外露"两种，因此出现了四种亚型（见图5-4）：丈夫内心不想管妻子且妻子内心也不想管丈夫、丈夫外露地不管妻子且妻子内心不想管丈夫、丈夫内心不想管妻子且妻子外露地不管丈夫、丈夫外露地不管妻子且妻子外露地不管丈夫。[1]

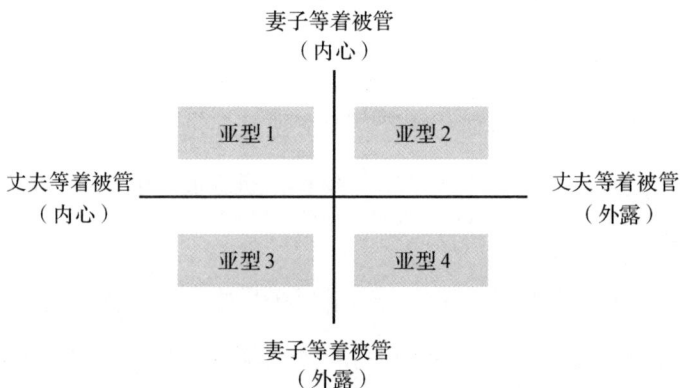

图 5-4　疏离型夫妻模式的四种亚型

[1] 林昆辉教授在《家庭心理学》里将"我要管"分为"藏在心里""语言表达""行动展示"三种，进而区分夫妻冲突型为九个亚种。本书同样地认为分为"内心""外露"两种类型更具有典型性和简约性。

第一种亚型是内心都等着被管，丈夫内心不想管妻子且妻子内心也不想管丈夫。看起来，虽然内心不想管对方，但由于期待被管、被关心，内心有被关爱的需求。可谓没有爱护别人的能力，心生埋怨，内心戏十足。

第二种、第三种亚型都是一方内心不想管对方，但是另一方则是明确地表达需要被管，本书称之为唠叨型的疏离关系。唠叨者就是那位明确地表达出需要被关心被爱的人，但麻烦的是，他（她）的唠叨没有得到另一半的响应——人家冷冷地看着你，这种未被尊重的感觉让人很难接受。一个内心不想管对方，也期望被管被关心的人，面对他（她）人的索爱，就是不回嘴、不表现。同样也有相互埋怨，一方内心埋怨，另一方是口头埋怨，都嫌弃对方没有做点什么。

第四种亚型是外露地等着被管，丈夫外露地不管妻子且妻子外露地不管丈夫，但是双方需要对方的关爱，这是令人绝望的家庭，言行举止都是我行我素，看不出互相一块儿生活的意义，早出晚归都是各顾各的，回到家自己吃自己的饭，吃完饭我玩我的手机，你玩你的游戏。无尽的放任，诠释着无爱的生活。这是一种互相的折磨，因为觉得这样的生活能够伤害对方，能够改变对方，整体上仍然是一种缺爱的表现。只能是既瘫痪了自己，也瘫痪了对方，还瘫痪了整个家庭。

五、权力结构与爱的本质

权力结构本身其实来源于爱，而且是相对强弱的爱。如果男生对女生一见钟情、苦苦追求，所谓"在见到她五分钟后就爱上了"，那么在这场关系以及以后的婚姻中，女性就更可能处于权力上位。男性不做饭、下班不立即回家，都被认为是不可饶恕的；当然，如果结婚是女性主动要求的，甚至是求着男性才结婚，那么她就可能处于婚姻后的权力下位，不倒垃圾、不关灯都被认为是懒惰。

相对强弱的爱，也可以理解为夫妻双方各自决策出发点的差异，有的是为了"我"，有的是为了"我们"，形成了四种亚型，如图 5-5 所示。

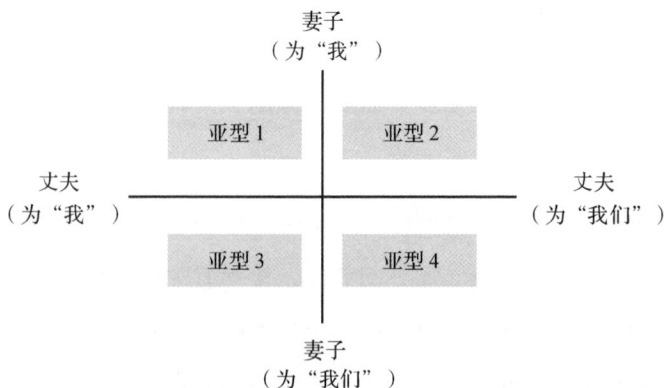

图 5-5 为了"我"还是"我们"导致的四种亚型

在亚型 1，妻子与丈夫各自为了自己，各活各的，没有共同的"我们"，没有家庭目标，也没有互相鼓励，1+1 仅仅等于 2，个人从外部世界获得的增益与整个家庭群体无关。在亚型 2 和亚型 3，一方为了自己，另一方却是为了大家，为自己而活的人固然逍遥自在，但为了大家庭而活的人负重前行，苦了自己。亚型 4 是双方都为了"我们"而活，为了家庭的未来，把共同的利益当作行为准则。一直以来，经济学的自利假设不能应用到家庭，就是因为家庭内部经常讲求利他主义。其实，所谓利他主义的完美家庭应该就是亚型 4。当然有时候双方各自需要空间，有自己的独特领地，但是更多的时候就是一起行动，自己是对方的依靠。从这个角度看，夫妻双方性格、兴趣、价值观更多的应该是相近而不是互补。有相同的爱好，比如旅行，就有了共同的出游兴趣，就有了更多"我们"的行为。面对新闻事件，如果有共同的底层逻辑，就有了相似的观点，成为志同道合的知音。两个人的"相似"创造了更多"我们"的场景。

特别需要强调的是，为了能够实现"我们"，每个人只能放弃"我"吗？准确地说，是要放弃一部分的我，这就是所谓的二分之一加二分之一才是等于一，构成一个家庭。西红柿与土豆原本就属于不同的世界，但是为了在一起，西红柿成了番茄酱，土豆成了薯条，因此才是绝配。夫妻两个人来自不同的家庭，不同的经历、不同的性别，怎么可能事事相似呢？果真如此的话，跟镜子里的自己结婚，也是了无生趣的事情。关键还是求同存异，能够为了"我们"，放弃一些固执的观点，去掉对方必须跟我一样的执念，这才是阴阳学说里的夫妻乃阴阳相济、阴阳平衡。阳刚如山之磅礴，顶天立地，不卑不亢，泰然自得；阴柔如水之流动，遇方则方，遇圆则圆，柔弱无形，但能够水滴石穿，利万物而不争。女人在外给男人足够的尊重，男人在家给女人足够的温柔，才是阴阳和合。

六、如何避免两败俱伤：性别博弈

博弈论的知识为围城里的夫妻提供了一些思路。刚结婚的夫妻俩还在磨合婚姻生活，饭后就共同看什么电视节目展开了博弈。当下双方的兴趣爱好都很明显，丈夫想看足球比赛，而妻子想看综艺节目，但是电视机只有一台，只能播放足球或者综艺，没人愿意熬些时间等对方睡了之后一个人看录播。如果夫妻双方意见分歧，都坚持自己的兴趣爱好，试图让对方改变原有所谓"没意思"的爱好跟随自己看"有意思"栏目的电视，都会引起双方的争吵。虽然，大家都有自己明显的偏好，但是理论上，丈夫毕竟可以在足球与综艺当中选择一项，妻子也可以在足球和综艺中做出选择。如果丈夫选择足球而妻子选择综艺，电视只有一台，双方都不开心，从博弈的角度看，双方的收益都为0。如果丈夫选择足球而妻子选择足球，虽然妻子不如丈夫开心，但是至少能够一起看电视，对于新婚夫妻来说，情绪价值仍然不错，丈夫和妻子的收益分别是2与1。当然，也可以反之，如果妻子选择综艺、丈夫也选择综艺，丈夫与妻子的收益分别是1与2。最后一种可能性，如若丈夫选择综艺而妻子选择足球，双方的收益都为0。图5-6就是性别战的各自战略及相应收益。

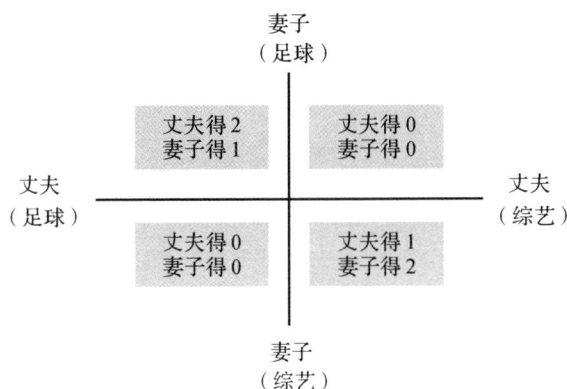

图 5-6　性别博弈矩阵

从各自收益的角度，双方该如何做出选择？经济学家给出了两个纳什均衡解：丈夫与妻子都选择足球或丈夫与妻子都选择综艺。①所谓纳什均衡解，是以数学家、诺贝尔经济学奖得主约翰·纳什名字命名的博弈均衡状态。之所以丈夫与妻子都选择足球是一种稳定状态，是因为任何一方都不会主动改变自己的策略选择：丈夫在妻子选足球的时候，会从足球改为综艺吗？有球赛不看吗？而且还会和太太意见不一致而吵架？当然不会。同理，在丈夫选择足球时，妻子也是不会从足球改为心爱的综艺，因为也会导致意见不一致，现在看足球的收益是1，改为综艺的后果是吵架，

---

① 经济学注重个人收益的分析，轻易不会把情感、荣誉、正义等非经济目标纳入分析。那些为了一句承诺、为了爱情牺牲自己往往被认为是非理性，就不能纳入经济学框架来做解释了，因此要注意到经济学思维（比如成本收益）分析婚姻的局限性。同样，博弈论也是假设参与者是完全理性的，在这个性别战的博弈中，双方是同时做出决策，不能是丈夫先"出牌"，然后妻子相机决策再"出牌"，这就不是博弈，而是决策而已。如果是先后宣布自己的决策，显而易见，最有利的是最先发声的人。比如妻子先表态，吃饭的时候就说今天晚上的综艺特别好看，此时正在吃饭的丈夫已经是没得选择了，他只能是综艺，因为不这么选，当时饭桌上就要吵架了。

收益变为 0。另外一个均衡解，丈夫和妻子选择综艺，也是稳定的，没有人会在对方不变（即选择综艺）的情况，主动从综艺改为足球。

这就是非常著名的性别战博弈，而且有两个最终解。但是，最终这对夫妻一起看的是足球还是一起看的是综艺，博弈论没有给出最终的结果，博弈论只是给出了两个解。这种过度抽象的例子，我们称之为模型，来解释复杂的婚姻当然是力所不逮，不过这个模型背后的道理仍然是深刻的，在很多夫妻一起决策的时候，选择 A 还是 B，重要的不是 A 更对，还是 B 更对，而是夫妻要一起选择同一个。这样的选择可能对夫妻中的一方更好，对另一方不够好（比如，夫妻一起看足球，对太太来说不够好），但是至少比夫妻吵架家庭破裂要好一些。这也意味着，结婚前谈恋爱谈的到底是什么？就是要清楚知道双方的兴趣爱好，如果爱好一致、价值观很合，将来决策一致的概率更大，也就少一些为了对方牺牲一下自己的那种委屈。当一方更多迁就另一方，而另一方无从察觉也毫无反应之时，委曲求全者的恶意就释放出来了。夫妻争吵越少，幸福感就越多。

在性别战博弈基础上做些改进，可以解释另外一种情况：为什么有的夫妻要走向互相毁灭的结局？为什么双方父母参与会导致夫妻争吵更加激烈？

有时候，夫妻吵架都不认输，就会两败俱伤。在性别战的基础上，经济学提出了"懦夫博弈"（chicken game），有时候又称为"斗鸡博弈"。有些电影的所谓决战镜头里，两名司机驾车相向而行，仇人相见分外眼红，踩上油门冲向对方，他们在打心理战，要赛出所谓真正的勇士。眼看即将相撞，如果驾车拐弯离开赛道将被"吃瓜群众"看成懦夫。当然他也可以继续向前，如果对方也是"勇士"，双双车毁人亡。

双方家长的参与，让夫妻双方都想在博弈中胜出，成为家里的领导者。图 5-7 就是懦夫战的各自战略以及相应收益。双方都是咄咄逼人，你摔盆子我摔碗，一定是两败俱伤，尤其是在孩子面前，久而久之影响孩子的幸福感和自信心，双方的收益都是 -4。如果一方选择攻击，而另一方选择退让，那么进攻者获得 2 的收益，而退让者为 -2 的收益，很明显的零和博弈，净收益全家没有增也没有减。①

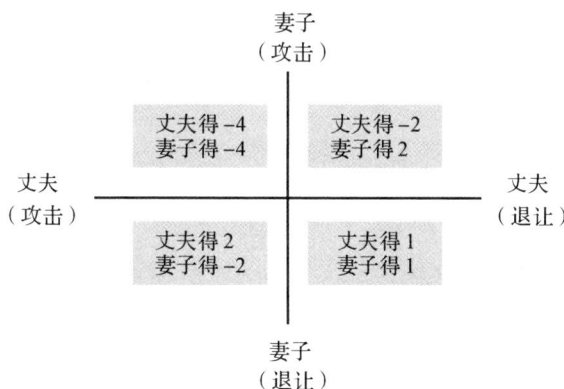

图 5-7　夫妻博弈矩阵

① 这个博弈里，一方进攻收益为 2，另一方退让收益为 -3，也是可能的，也许一方胜出得意扬扬的收益不如另一方隐忍导致的损失大，尤其是隐忍方的家长会暴跳如雷，如此模式可能还对孩子带来不好的影响。当然，本模型简单假设一进一退时，总收益是零和。

争吵的时候，具有智慧的人不会"话赶话"超过五个回合的。首先，如果是你一言我一语，五个回合还没有把自己的观点表达清楚，那要立即停止表达了，因为情绪已经盖过内容，再往下就是争吵，表达观点的窗口期已过。其次，夫妻之间能够达到五个回合的争论的，一般都是双方都有各自道理的。家庭的多数争论其实就是"下床应该是左脚先着地，还是右脚先着地"的问题，哪有什么绝对的是非。最后，话赶话超过五个回合，继续下去只能是同归于尽似的后果。大家说服不了对方，反而坏了心情，毁了在孩子心目中的榜样形象。

在这个懦夫博弈，最终的均衡状态仍然是一种纳什均衡，夫妻双方只能是一个攻击一个退让，也就是丈夫选择攻击、妻子退让，或者丈夫退让、妻子攻击。看上去，不会两个人都是攻击，因为在妻子选择攻击时，丈夫从攻击改为退让，虽然收益是 −2，但也要比两败俱伤下个人收益的 −4 要好。这就是前文所述的，理性的人或者说是智慧的人，不会话赶话超过五个回合，认输也比同归于尽强。这就导致一个后果：越是鲁莽的人，越是会赢；自己越是理性，越是会输。所以，粗暴的架势让对方害怕而获得好处，看似粗暴其实是很聪明，很理性，算准对方会选择退让。妻子的"一哭二闹三上吊"还真能唬住丈夫，就是这样的道理。当然，从博弈的角度看，为了能够提前吓住对方逼其退让，有的司机在车道上高速行驶并故意蒙上双眼，一副要同归于尽的做派，对方只能赶紧退让了。

丈夫如果是"老实人"或者是一直忌惮妻子的"哭闹",久而久之就形成了这样的家庭风格：怕老婆。古希腊哲学家苏格拉底的太太珊蒂柏是公认的悍妇。苏格拉底吵架后刚出门,就被珊蒂柏从楼上浇了个透心凉,面对吃瓜群众,哲人自嘲说："雷霆之后自然是有暴雨的。"明朝抗倭名将戚继光也是有名的怕老婆。倭寇进攻老家,作战在外的众将领担心安危,唯有戚大将军不担心,因为妻子比倭寇更可怕。果不其然,这群海盗真被戚夫人领着老弱妇孺给打跑了。戚将军怕老婆,确实忌惮老婆的实力。胡适就鼓励新的三从四德：太太出门要跟从,太太命令要服从,太太说错了要盲从；太太化妆要等"德",太太生日要记"德",太太打骂要忍"德",太太花钱要舍"德"。想必这位北京大学前校长被浇过多次"透心凉"后才有如此境界。不得不说的是,在这种模式下,家里太平,家庭受益。

小小的懦夫博弈已经能够解释很多的婚姻生活。如果将上述博弈中夫妻的收益数额做点调整,还能有重要的启发意义。在韩国,没有人能够离开三星的产品独立生活。三星集团创始人李秉喆的孙女李富真在2016年陷入与先生任佑宰的离婚官司。早先,李富真的父亲、三星集团的第二代掌门人李健熙并不同意大女儿李富真的婚事。任佑宰出身平凡,曾经是李健熙会长的保镖。李富真的妹妹李尹馨,是性格开朗的极限运动爱好者,喜欢赛车,也是喜欢上了一个出身普通的男友,被父亲李健熙反对,因此患上抑郁症在纽约意外身故。首富李健熙意识到,在韩国,自己的孩子很大概率是找不到门当户对者的，就不再反对李富真的个人情感，同意了这门婚事，还特别送女婿任佑宰去美国读书。也许，李富真婚后才知道门当户对背后的道理。帅气的丈夫空有皮囊，确实是扶不起来，在美国读书连考试都及格不了，双方差距越拉越大。离婚却很棘手，任佑宰狮子大开口，不轻易放过富有的李氏家族。在李富真看来，离婚算是彻底认清楚丈夫的人品和底线了。其实，在博弈论看来，任佑宰的策略并不奇怪，他只是在一个修改后的懦夫博弈中选择了攻击策略，而且他还料到李富真不会跟自己同归于尽，因为李富春是李家第三代的长女，是韩国新罗酒店和三星爱宝乐园的负责人，是三星下属公司的第一个女总裁。李富真只能选择退让。光脚的从来不怕穿鞋的。

在这个修改后的博弈里，女婿如果选择攻击而女儿也选择攻击，女儿损失的要比女婿更大（见图5-8）。在比尔·盖茨为世界首富的时期，曾经有一个经济学的问题考大家：盖茨应该为了地上的20美元弯腰捡起来吗？不应该，因为他弯腰捡钱的时间里浪费掉的钱就超过了20美元。跟女婿任佑宰比起来，女儿李富真就处于这个状态，如果联络媒体、炮制新闻，无所不用其极。

女儿李富真
（攻击）

女婿得 -10 女儿得 -4	女婿得 -2 女儿得 1
女婿得 5 女儿得 -5	女婿得 2 女儿得 2

女婿任佑宰
（攻击）

女婿任佑宰
（退让）

女儿李富真
（退让）

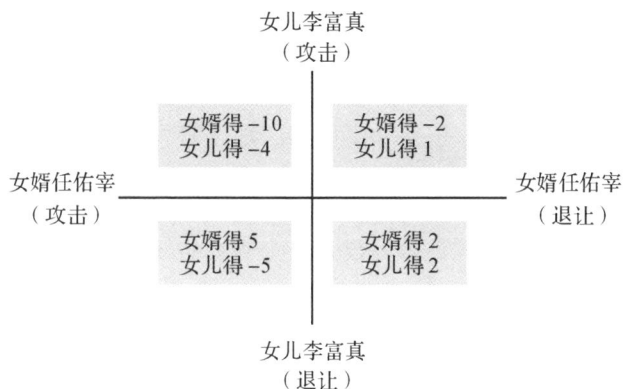

图 5-8　女婿为何会得逞？

　　当然，在现实的世界，在法律诉讼刚开始的时候，不会有任何一方会表现出丝毫的退让，否则会被对方敲竹杠。但是，真打起官司，大家都知道底牌，基本的逻辑还是"光脚的不怕穿鞋的"。老师傅与其被乱拳打死，还不如远离"垃圾人"，最终调解告终。

　　对那些陷入"同归于尽"漩涡的怨偶劝说一句，那些幸福感高、责任感重的，更倾向于退让。其正反命题也是成立的：那些斤斤计较、睚眦必报的往往是幸福感低的人。如果夫妻都是幸福感高的，都会一起选择退让，这就是温润如玉般的家庭生活模式。

　　离韩国不远的日本，皇室长公主真子的婚事也让民众操碎了心。作为下一任天皇文仁亲王的长女，曝光度高也深受民众喜欢。她毕业于日本基督教大学的艺术系，经朋友介绍认识大学同年级同学小室圭，并被这个小伙子疯狂追求，闪电般确定关系。一表人才的小室圭来自单亲家庭，母亲小室佳代欠钱不还、流连夜店被媒体挖出而遭大众诟病。在订婚后，小室圭与老岳父文仁亲王

商量婚礼仪式，得知皇室婚俗"采纳之仪"至少要男方花费 1.5
亿日元而傻眼了，表示没有能力支付。按理，孩子能够就读日本
基督教大学的家庭应该是非富即贵，那是日本名列前茅的私立大
学，但是小室母子俩就是将婚事一拖再拖。眼看已经 30 岁了，
长公主真子宣布不准备举办仪式，为男方省了钱，嫁妆也不要，
婚后跟丈夫去美国定居。分析这对婚姻，要么公主与驸马冲破世
俗羁绊，脱离皇室，追求爱情，成就佳话；要么皇室被真情人设
的小室圭算计，谁让真子公主非要下嫁呢？

孩子是父母的专属性资产，对其他家庭没有什么价值，唯有
父母才拼命争夺。夫妻一方有了孩子，会不再孤单。在离婚阶段，
争吵自然要围绕着孩子。孩子可以是一种让对方屈服、不得不让
渡利益的砝码，孩子还可以是"受害者"向"加害者"讨回"公道"
的工具。有了孩子，意味着有了未来。

夫妻间的争吵就是试图展示自己的力量。权力斗争变为双方
争夺亲密关系的控制权，试图纠正对方的观点，改变对方的行为，
并期待以后能够按照"我"的做法跟"我"相向而行。[1] 向一对
正吵得面红耳赤的夫妻了解事情的真相是很困难的。风暴来临，
泥沙翻涌，吵架吵出一堆陈芝麻烂谷子。更要命的是，亲密关系
中的争吵还展现了各自原生家庭的烙印，期待对方符合理想中配
偶的完美形象最后以"三观不合"离婚。

---

[1] 克里斯多福·孟.亲密关系：通往灵魂的桥梁 [M].张德芬，余蕙玲，译.长沙：湖南
文艺出版社，2015.

第六章　父子关系

爸爸老张总和妈妈刘总夫妻创业 30 年，办过造纸厂、开过文具店又经营过家电商场，直到 10 年前重回制造业，生产小型冰洗家电产品，年销售额超 10 亿元，已然是细分市场的冠军。最近，老张总早上 5 点一起床就抽烟生闷气。

原来，多数人眼里的成功企业家，得不到儿子的认可。独生子小张进入公司其实已经有 6 年，早先看不惯父亲的霸道做派，自己从公司拉了几个人开始做电商，既卖父亲的小家电，还卖其他品牌产品。电商团队如今有百来号人，年销售额达到 4 亿元，利润额和现金流已超越父亲。老张总受不了小张动不动用核心竞争力、轻资产战略、"互联网＋"等词汇质疑实体制造业，作为父亲更不能接受儿子对自己经商经营之道指指点点。

一般来说，男性的气质中包含着若干专制的因子，既需自省和开明，也依赖女性的平和、优雅与慈爱来调和。问题是父与子都是强人，高中文化程度的母亲刘总夹在中间，不仅对线上与线下的商业模式不了解，对如何调节父子关系也是束手无策。母亲刘总抹着眼泪，说曾经想请当地卫视《老娘舅》节目组来斡旋。

一、父亲是母子亲密关系的"第三者"

因为父亲是母子亲密关系的"搅局者",代表着母子之外的"他人",儿子和父亲的关系,决定了和其他人、和世界的关系。从小看待自己、看待父亲、看待他人的方式影响到人的一生。自我价值感以及外部世界赋予"我"的意义,构成了我们存在这个世界的基本框架、底层逻辑。从小时候开始,我们就在不断地利用各种事实,尤其是自己参与的事实,来确认、支持这些信念,这就是自证预言。我们可以对很多看法发生变化,但是底层的自我价值感基本不变。比如借酒消愁愁更愁,指的就是那些认为社会让自己不快乐的人,选择了借酒消愁,结果宿醉后的身体、神志及周围的世界只会更糟,进一步验证了世界对自己的不公,自己没有被善待。

父子间的关系影响儿子的性格发展,也影响儿子成家立业后与其子女的关系模式。心理学有一个词叫"来自父亲的伤害"(father wound),是指几乎每个男孩子在成长的过程中都会被父亲创伤过。性别竞争关系自婴幼儿时期就开始了。儿子因为对母亲的依恋,与父亲争夺母亲之爱,或多或少地显示出俄狄浦斯情结;与此同时,对年少的儿子来说,父亲是唯一可以密切关注和模仿练习的偶像,学爸爸说话,照爸爸做事,甚至偷偷穿上爸爸宽松的西装和皮鞋,获得归属感和认同。进入青春期后,子女开始叛逆,看不惯父亲的一些做法,尤其对专制过敏,情感开始疏离，希望在原生家庭之外能够发展独立与自主的能力，完成心理学上的分离与个体化。但子女即便长大了，也许心理上未曾真正离开家。

家庭群体行为是稳定、协作、不断重复的互动模式。每个家庭成员之间互相依赖，角色互补而且身份固化。除非整个家庭"解冻"——父亲不再强势、母亲不再宠溺，否则儿子的行为很难改变。即便儿子在学业或事业上非常成功，但在父亲面前，他的自信心和掌控感都会瓦解：不敢直视父亲的眼睛，无法平等地协商事务，甚至做不到与父亲坦然地坐在沙发上一起看一段电视节目。有一个二代小伙子告诉我，他很不习惯跟父亲一起出差同住一间房，觉得袒胸露背有很多尴尬与不适感。这种情况在很多父子之间都存在。

二、父子差异与传承冲突

年轻人充斥着反叛的荷尔蒙爆发力。在家族企业，这种爆发力如果是破坏性的，那么可能会伤及周围许多个利益相关者家庭。虽然现在已经没有古时候一家人的同居、共财与合炊，但因为现代父子俩有共同的事业纽带和财产纽带，很难像普通年轻人那样远走高飞、另起炉灶。企业家父亲对儿子的影响会比其他普通家庭更持久。不管是否乐意，企业家父子必须在一个"灶"里吃饭，而且还想方设法让子孙后代能够在这个"灶"里吃。家业常青的挑战来自家族成员因为价值观差异无法凝聚在一起，尤其是在不同时代烙印下的父子之间的鸿沟。

两代人存在的诸多差异，因为是家族企业而被放大。首先，两代人创业的目标不同。中国第一代创业者是为了改善生活、改变命运、出人头地而冒风险；新生代已然可以躺在父辈的财富之上，但需要为"创二代"正名，在"好玩"中实现自己的人生价值。第一代创业者希望把企业继续做大、做强和做久，实现事业的永续，而新生代会想到创业项目的估值和创业团队的退出。

其次，两代人的管理风格不同。父辈往往具有个人权威，进行自上而下的威权式管理；而新生代跟其他年轻人一样，反对个人中心主义，更愿意以合伙人的形式组建自己的团队。有一位刚涉入家族事业的海归二代，惊奇地发现董事长母亲对员工的付出习以为常，不会用"请""谢谢"等基本礼貌用语。生硬的命令只留下一帮唯唯诺诺的手下，让年轻二代不愿意模仿也无法模仿。

再者，两代人如何平衡事业与家庭也不一样。第一代企业家将事业看作另一个儿子，早出晚归为了企业忽视了家；新生代不愿意"缺失的父亲"再次重演，比第一代更重视家庭生活与亲子互动。这是很多一代企业家评价二代不够敬业、缺乏承诺的重要原因所在。

最后，伴随两代差异的，还有胜利者和挑战者的控制权之争。父子如何分享控制权需要"传、帮、带"的规划和执行，更需要新生代企业家的持续修炼，实现能力迅速提升。企业家父子两代人有如此差别，但都位于权力中心，控制权是绕不开的话题。一个是大权在握的沙场胜利者，一个是冉冉上升的新生代挑战者。二代进入家族企业终究会建立自己的团队，领导组织变革实现对企业的逐步掌控。在这个过程中，公司就有了"老子党"和"太子党"的权力政治。"双中心"是父子共治企业的常见形态，也是导致该阶段管理低效的主要原因。一个中心为"忠"，两个中心可谓"患"。

唯有掌控才能有安全感，这属于人类的基本需求。白手起家开创偌大的商业帝国，自己掌控之下都感觉如履薄冰，如今更何谈放手？企业家在家族中的地位显赫，来源于企业经营的不断成功，为家族成员提供源源不断的就业岗位和金融财富。退出企业的历史舞台，也就意味着他在家族中的地位开始弱化，不是每个人都能愉快接受青春不再、行将退休的人生状态，中国工商银行发布的《2017中国家族财富管理与传承报告》数据显示，将近一半的企业家没有考虑过退休和离任。

与强势父亲组建团队谈何容易？有的干脆离家出走，有的变得温顺和依附，当然更多的是处在两种极端模式之间充满焦虑感的儿子。做一个温顺的"太子"也不见得是好事。为了得到父亲的喜欢，太子未成年开始就模仿父皇的行为和态度，自然显得保守和老成。在世界观形成的重要时期，少了鲜活与灵气，磨平了棱角、带走了锐气，温顺的性格伴随一生。就像"守成""法祖"的嘉庆皇帝，在父皇乾隆帝的阴影之下，担任储君22年，不敢越雷池半步。即便当上了皇帝，"好人"嘉庆早已不敢制度创新，而西方社会已经在轰轰烈烈地开始了工业革命。

三、强势父亲与低自尊的二代

当环境变化，人们的沟通姿态也要跟着变化。但凡与情境一致和场景协调的，而非只有某种僵化的唯一模式，都是合适的，即便沟通时有不少的情绪掺杂其中。以下的沟通姿态如果是常态，那就有问题了。

第一种是讨好型。不管他人是否正确，不管周围什么情境，经常忽略自我，只关注到他人，就会陷入这种低自我价值的状态，这样的人会过度和善，总是习惯道歉和承认错误，忽视自己的情绪。总结为一句话：都是我的错。

第二种是指责型。无视情境，忽略他人，不接受托词，保护好自己，不会表现出软弱，保持距离维持权威，但内心孤单。无法面对自己的无能为力，把自己摘干净。面对无法控制时所谓的"不可抗力"，通过怪别人来掩盖自己的低自我价值。这意味着，那些老是指责别人的人其实是低自我价值的。这样的人看似凶神恶煞，其实内心是苦涩的，充满了失败感。总结为一句话：都怪你。

第三种是超理智型。眼里只有情境，内心敏感随机而动；忽略自己，也忽略他人，强迫性地固守原则，表面优雅举止合理，但是，内心疏离和空虚，无主观意志，也属于低自我价值。总结为一句话：按规定。

第四种是打岔型，这样的人往往也得不到别人的关注。他们也是低自我价值,逃避压力、逃避痛苦,有时候兴致勃勃想做事情,但是抓不住重点,往往答非所问,也是没有归属感,不被人关心。总结为一句话:再说,再说。

上述四种类型的共同点就是低自尊。如果有同事把门"哐"的一声关上,低自尊的人或者思考半天:是这位同事讨厌我?或者立马生气,嘴里开始对这位同事骂骂咧咧:"什么人,有毛病。"低自尊与原生家庭没有得到父母足够的爱有关。成长过程中,别人稍微对他好一点儿,就推心置腹,愿意把最好的给对方。低自尊的女孩子成年后,期待男人的爱,并愿意为此付出很多很多,并忍受对方的很多缺陷。对待感情,特别顺从对方,高度紧张,患得患失,太害怕失去。但现实情况是,不爱自己的人,很难得到别人的爱,失衡的关系导致经常受到家暴和伤害,最后可能还是被抛弃。从整个链条看,导致低自尊的还是他的父母。可以说,父母是天下最重要的职业,因为会影响孩子的一生。一部日本电影《被嫌弃的松子的一生》讲述的就是主人公的性格与其命运,松子为博得别人的认可,不断地取悦他人:自己的妹妹,自己的父亲,自己的学生,自己的朋友,还有合作伙伴,她无底线地讨好他们换来的却是嫌弃,谁都不会真正关心她、尊重她。

如图 6-1 所示,如果儿子觉得父亲很优秀,同时觉得自己也不赖,这就是象限 A 的区域,此时的年轻人(儿子)总体上积极乐观,善于接纳负面的评价,给人以温暖并能够积极承担社会和家庭的责任。如果儿子觉得父亲很优秀,又觉得自己什么都不行,这就是象限 B 的区域。自信心不足的年轻一代，从外表到做事都很"丧"，他不断自我诋毁，觉得缺乏活力，甚至有些抑郁，对待父亲和对待领导只是盲从，不敢提出其他观点，逐渐地也没有自己的观点。如果儿子觉得父亲还不如自己，这就是对父亲的负面评价同时对自己积极评价，这就是象限 C 的区域，此时的年轻人自恋倾向显而易见，他对别人傲慢并时不时地谴责别人，认为一切问题的根源都是对方而不是自己，对他人的愤怒透露出自己的偏执和妄想。如若对自己对父亲都是负面评价，则是落入象限 D 的区域。已经没有什么能够激起自己的兴趣，对周遭发生的事情全部漠不关心，选择退避三舍，感觉整个世界都缺乏存在的意义，这种评价会导致毁灭性的结局。

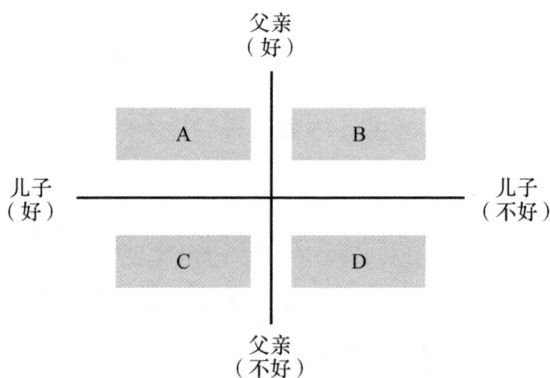

图 6-1　儿子眼里的父亲与自己

儿子眼中的父亲与自己，可以扩展到更一般的问题，就是如何看待自己，如何看待这个世界。正如图 6-2 所示，如果积极地评价自己，同时积极地评价这个世界，那么就是位于人生坐标的区域 A。如果负面评价自己，同时看到其他人的强大，就会落入"别人好，唯独我不好"的范围之内，这就是区域 B，长此以往有抑郁症等心境精神障碍。

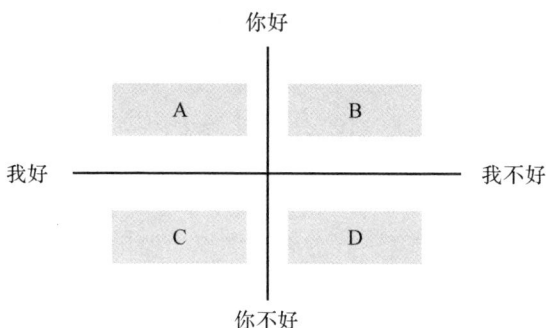

图 6-2　自我否定人格的心境障碍

四、"太子"性格与皇位继承

是否设立太子以及选谁为太子，是衰老皇帝最大的家事也是最大的国事。外儒内法并以所谓道家修饰，是众多兄弟竞争皇位时要想胜出的法宝。实行"仁、义、礼、智、信"，凭借儒学的外衣，站在道德的制高点，藐视逐利的众多同胞。高唱"礼、义、廉、耻"吸引众多的拥趸，并将"势、术、法"结合集权运作，再时不时以清心寡欲、无欲无求装点门面，让竞争者放松警惕，获得老皇帝青睐，最后登上宝座。这是不少老皇帝迟迟不确定接班人的原因，他们采取模糊策略，就是要长期观察孩子们的心性，千万不能被蒙蔽。路遥知马力，日久见人心。

相反，较早地确立接班人，也有必要。首先是防范风险之需要，父皇稍有闪失能够立即启用新君稳定朝纲；接班人早确定，老皇帝潜移默化或者言传身教，培养出可资信托的接班人；尽早设立太子，能够断了其他竞争者的念想。迟暮的皇帝不放心太子赤手空拳接管江山社稷，统领天下仅有"天子"权威地位是不够的，其定国安邦的能力来自哪里？没有听说哪位太子从七品官的县令做起，一级级培养起来。深宫之内长大的太子，直接从高层开始锻炼，但仍有机会扬名后世。太子的自我修炼来自监国制度：皇帝外出，由太子留在宫中代为处理国事。监国制度正式始于南北朝时期，太子虽然是储君，但毕竟不是行政系统中的一部分。朝廷的正常运作体系唯有在皇帝出巡时，才向太子开放参与政务的端口。到了唐朝，太子摄政更为具体，太子不再是挂职锻炼或者实习模拟，而是率东宫直接参与处理政事；到了明朝，政治体制对皇帝能力要求极高，太子的培养不仅仅局限于见习和参与，除了人事、外交和军事需请示父皇外，其他由太子决断。

其次，皇帝也在扮演为人父的角色。资源有限情况下，与其撒胡椒面大家都吃不饱，不如付出血本投资在其中一个孩子身上让其成为杰出的人，获得地位和财富，基因繁衍会获得成功。皇帝尤其这样，他只能选择一个接班人，"一国二主"势必分裂国家。没有被选中的皇子，多有不公的愤恨。从自然界的很多动物可以看到繁衍中的偏袒行为。挑选较强壮的幼鹰并给予更多食物，是提高老鹰家族繁衍成果的好办法。人们的偏爱行为是从出生顺序、性别、子女潜能、嫡妻还是侧室所生等诸多因素综合考虑的。康熙的长子胤禔是庶妃那拉氏所生，不如二子胤礽的生母赫舍里皇后身份高贵，且康熙与赫舍里感情深厚，后者又是难产而死，所以康熙一改满人不立太子的习俗，效法前朝朱氏，公开册立二子为太子。康熙将胤礽带在身边亲手调教，北征或南巡时日常事务交由太子监国理政。但数十年里经过一次次的"田忌赛马"，康熙权衡再三，太子立了又废、废了又立。小天鹅熬成了老天鹅，最终还是被抛弃。康熙最终选择了四子，为大清王朝选一个明君，也为新时期爱新觉罗氏选择了一位家长。

最后，为了基因繁衍的顺利，为了帮助看中的儿子能够坐稳江山，皇帝还需要帮接班人扫清障碍。保护新的接班人，会让其远离纷争，少树敌人多积累人脉。比如，在《雍正王朝》里，雍正让自己看中的接班人弘历（即后来的乾隆）长时间在江南李卫处体恤民情，一来远离京城还在持续的九子夺嫡卷入父辈冲突，二来少一些与自己亲兄弟的直接冲突，三来也是集聚名望、锻炼才干。雍正看到另一个儿子弘时试图加害弘历时，马上出手阻止并圈禁弘时，弘时抱住父皇大腿请求放过，雍正异常决绝，因为不愿意看到自己这一辈兄弟纷争在下一代重演。这就是历史学家唐邦治的雍正杀子说。

常言说每个人手上拿的都是单程票，指的是时光不会倒流。皇子皇孙走的更是单行道，充满血与火的考验，成王败寇异常残酷，既可能黄袍加身、君临天下也可能满门抄斩，没得回头。皇帝，也许是令人羡慕和觊觎的职业，但也是高危人群。从秦始皇到清宣统帝退位的 2133 年间，历代皇帝有确切生卒年月可考者共有 209 人，平均寿命仅为 39.2 岁。中国历代王朝，包括江山一统的大王朝和偏安一隅的小王朝，一共有帝王 611 人，其中，正常死亡的，也就是死于疾病或者衰老的 339 人；不得善终的，也就是非正常死亡的 272 人。非正常死亡率为 44.5%，远高于其他社会群体。如果说皇帝的非正常死亡比例高，那么皇权道路上岂不是更有皑皑白骨吗？太子之路需要极为小心，有太多的人觊觎皇帝的位置，看似太子离皇位仅仅是一步之遥，但是质变的那一步并非一帆风顺，其他皇子仍然有机会。比如复废复立的太子胤礽，最后还是被禁锢于咸安宫至死。翻云覆雨的老皇帝让众皇子内心时而波澜激动时而意冷失望。

太子是骄傲的，他离君主一步之遥；太子也是残酷的，对任何威胁到他掌权的人绝不手软。他离皇位如此之近，但又如此之远。卧薪尝胆十多年甚至是数十年，一有行为失当就会毁掉所有心血甚至可能万劫不复。前朝太子定不会被新君所容。我们有时看到太子身上的狂妄与暴戾，还能看到谨小和慎微。太子从未成年开始就倾向于模仿父皇的行为和态度，自然显得保守和老成。弟弟妹妹们只能在太子留下的很小空间里生存，不易安分守己、循规蹈矩，但更显鲜活与灵气。时光磨平了棱角，带走了锐气，年纪轻轻的太子总是思前顾后，习惯一旦养成即为性格的一部分，会伴随一生。他是多种性格的异化、混合和扭曲。乾隆之子永琰当了嘉庆皇帝后，仍然小心谨慎，毕竟太上皇在垂帘听政。等到太上皇驾崩，还未出丧期，他立马对乾隆宠臣和珅开刀，除弊问责、万象更新，一时树立了个人权威，但是帝国早已沉疴难愈，"十全老人"打造的盛世景象其实难副，各种制度盘根错节，牵一发而动全身，新皇帝能创新的地方并不多。而且这个嘉庆皇帝还是有名的"守成"与"法祖"，视祖先尤其是康雍乾盛世遗留的规则为行为准绳，不敢越雷池半步。历史记载这位担任储君22年之久的皇帝，虽然身体健硕，功夫了得，但每次承德狩猎都是遵守父皇的轨迹线路，抓两只动物就回来，早起晚睡，极为自制且勤政，没有与皇帝身份不符的个性私生活。他13岁被秘密立为太子，35岁正式接过传国玉玺，深藏功名与野心，防兄弟还要防父亲，最终成为平庸的好人。

太子虽说深得父皇喜爱，但毕竟还是为人臣子，如若功高盖主，一样不会招人喜欢。《琅琊榜》剧中一次次提及的核心人物是已故皇长子祁王，优秀得万民归心、大臣生死相随，以致父皇梁帝都觉得无法控制，倾向于相信这个儿子对自己图谋不轨，最终将其赐死。美国资深外交官兼传记作家陶涵（Jay Taylor）所著的《蒋经国传》里引述了长期担任蒋经国办公室执行官的证言，蒋经国从来不当面顶撞父亲，会委婉建言，做到了润物细无声，让"蒋委员长"相信这是自己的裁定，而不是受儿子的影响。

儿子和父亲保持着微妙的分工和平衡。家里男性之间会有激烈的竞争关系。年轻气盛的儿子时不时地撼动一下父亲的权威。现代社会的企业主在公司被尊重，在家族也具有较大的话语权，原因在于他对家族的贡献。而这种贡献和权威会随着他的退休而急剧下降。为了保持原有的地位，他会设法继续保持企业的领袖地位，不肯轻易交班。企业家的恋栈现象，是因为他们没有做好角色转型的准备。甚至有一位年过古稀的勤奋企业家直言不知道退休后如何与太太一起度过哪怕24个小时。对权力的执着，也有出于对控制权的心理需求，以及一种持续的主观想象出来的责任感。美国学者做过统计，养老院里那些养着花的老年人更长寿，因为每天都有责任心在支撑着他继续看管好这些小生命。学者们还做过比较研究，他们将老人分成两个小组，第一个组的老人有权力随时叫唤义工来陪伴他，第二个小组的老人则是没有这个权力，是义工想来就来、想走就走。经过若干时间后，研究人员发现具有更高控制能力的第一组老人更加健康长寿。在得到想要的结论之后，研究人员和义工都离开了。后来养老院给研究者打来电话，说第一组老人的死亡率更高。可能的原因是他们一旦失去控制权，心理的巨大落差让他们丧失了生命的意义。

五、同胞竞争与权力交接

在普通家庭，如果父母对个别子女出现偏袒而不是平均分配资源，其后果也面临繁衍的风险。偏爱，就像将鸡蛋都放在了一个篮子里。小孩子中的任何一个都有可能中到繁衍后代的大奖，像是随机的大乐透彩票一样。稳妥的父母亲总要公正地仲裁，毕竟生活充满了惊喜也有诸多的意外。

没有偏袒就意味着父母的所有财产都是诸子均分吗？有些财产诸如商誉、品牌不可分，民间也就有了"分家不分业"的智慧——有可以分的家庭财产，也有不可分的家业。皇帝家族更是如此，权力必须集中，不可分散。无论是庙堂还是江湖，皇家还是民间，嫡长子继承制都是宗法制度最基本的一项原则。《琅琊榜》中，大梁太子是按照长幼顺序而册封的。也就是说皇位传承决策中，出生顺序被赋予了很高的权重，年长的小孩之所以获得重视，在演化生物学看来是因为能够提升繁衍速率。他们更早成才、更早接班，也更早繁衍后代，子辈、孙辈皆是如此，因此家族繁衍率很快上升。自西周开始，天子的王位由其嫡长子继承，而其他庶子被分封到各地，解决了权位和财产的分开继承，稳定统治秩序。统治者直系亲属的权威大于旁系亲属，更大于远亲，更大于庶人。在中国历代皇朝的礼制中，皇帝往往立皇后所生之长子为太子，而皇后无所出时，则以年长者为太子。基于皇帝家族血缘权威的长尊幼卑和亲贵疏贱原则还扩散到全社会，儒家概括为以"礼、名、分"为核心概念的周礼和宗法制度。中国传统文化中形成的"礼"或者说是"纪纲"约束着臣子也束缚着天子。明朝"家天下"儒家伦理更加彰显，册立嫡长子为太子的原则不容打破。明神宗朱翊钧的皇后无子，想立宠爱的郑贵妃之子皇三子朱常洵为太子，而不是皇长子朱常洛，遭到"家人"慈圣皇太后李氏、皇后王氏的反对，也遭到了"外人"众朝臣的不满，导致"国本之争"，酿祸为万历年间最激烈复杂的政治事件。君臣虽然僵持 15 年，但最终还是回归家法，立皇长子朱常洛为太子，即后来的明光宗。

康熙的儿子胤礽是清朝历史上也是中国历史上最后一位公开册立的太子。雍正知道太子承担的巨大压力，所以荣登大位之后即拟密旨，立弘历为继承人，将锦匣置藏于乾清宫"正大光明"匾后，不为他人所知。为了减少猜忌，雍正对各位儿子总是平等对待，尤其对岁数一样的弘历与弘时。唯独一次是雍正元年正月，雍正天坛祭天回来单独召弘历到养心殿赐了弘历一块肉。弘历默默地吃掉后没有说话就退了出来，尽管雍正将他和其他皇子同等对待并无亲疏，但敏感的弘历已经知道自己被父亲定为下一代接班人了。相传小时候的弘历就得体稳重，见到皇爷爷康熙时就没有他这个年纪的小孩子常有的紧张拘束，诗书功课对答如流，康熙不寻常地将弘历带回宫中养育。高瞻远瞩的老皇帝如果将某个儿子作为候选人，考量必定深远还要顾及孙辈，看看哪个孙子将来能够继承大统。皇爷爷康熙接见武将文官，讨论军国大事也是经常把弘历留在身边，乖巧老成的孙子给康熙的最后时光带来了烟火般短暂而绚丽的天伦之乐。

皇朝继续采用模糊策略而不是指定太子有其考量。将多个潜在继任者放在重要的岗位上试一试，田忌赛马，能力高低不久就能鉴定出来。但人品的甄别要难得多。禹汤罪己，其兴也勃焉；桀纣罪人，其亡也忽焉！历朝历代，德行较能力更被重视。如果实行明确的接班计划，对于甄别继任者的人品不但没有帮助，反而加剧了继任者对自己真实人品的掩饰。太子拥有信息上的优势，可以伪装自己直到登上皇位。不实行接班人计划，相当于皇帝采取了模糊策略，某潜在继任者的掩饰激励就不如作为实际继任者来得大。当然，不确定的接班计划意味着需要皇帝立遗嘱来最终确定继任者。这种不确定性，让竞争者们的权位争夺表面化，甚至让失望者怀疑遗嘱的真实性，从而让接班人在很长的时间里陷入阴谋论的争议中。

六、复杂家庭与传承挑战

父亲对他保护得很好，不让出国，不让开车，过去读书、现在做生意，每一步父亲都安排妥当，可让他气愤的是父亲对母亲的背叛。一次饭局上，只要父亲开口，儿子就当着众人的面打断他："就你干的好事，你还有脸发表看法？省省吧！"父亲尴尬地笑笑，只好闭嘴，母亲一言不发，默认儿子的辩护。[①]

每一个成功男人的背后总有一个伟大的女人？近些年，中国大陆创富家族传承案例经常闪现香港 TVB 豪门恩怨剧的桥段。谚语似乎要这么改：有钱老男人身边总有几个难缠的女人。功成名就的企业家经常能够吸引更为年轻的异性。彼此擦出火花，甚至养育更多的后代，这是生命力的体现，也符合某些成功人士放浪形骸的人生追求。但对于家业永续来说，这是不小的隐患。子女众多，往往有利于传承，毕竟在孩子们当中选出一个或者几个具有传承意愿并兼顾能力的接班人可能性更大；但是如果这些子

---

① 王大骐. 财富的孩子 [M]. 厦门：鹭江出版社，2015.

女不是同胞兄弟姐妹，不是一个母亲生育的，家族纷争与基因战争，极易导致堡垒从内部攻破。山西三佳能源的家庭内讧言犹在耳。企业家闫吉英一去世，"妻子情妇及七子女争百亿元遗产"，恩怨情仇中的众人还没有学会妥协与合作，明星企业就被法院强拍资产，这仅仅用了三年。

一个女人决定三代人，男性选择结婚对象是有讲究的。门望是一个人品质的背书，门当户对发生大问题的概率小。但是从"妾"身上看得到的是年轻漂亮，其他品行如何那就要靠运气了。社会学家潘光旦早在 1947 年就分析了明清两代浙江嘉兴名门能够平均兴旺 8.3 代的经验，发现那些世泽流衍长达 200 年的大家族在联姻方面就很慎重。智力、体力、兴趣以及才能相近的血系更容易彼此缔结姻缘。品类相聚、人以群分，在生物学上又叫作类聚配偶定律（law of assortative mating）。据说色彩鲜艳的知更鸟会找同样色彩艳丽的交配对象，毛色差的则会找同样毛色差的鸟儿。动物的交配对象并不是随机选择的。唯此让子孙后代更具有生物竞争优势，这就是优生学。两性通婚，生儿育女，不仅仅是两个人的结合，更是两个家族基因、资源、文化的融合。古时，那些愿意许配女儿给人家做"妾"的，虽说不全是穷困潦倒，至少身份地位要差了一大截。如此嫁接婚姻，平均了两家资源，拉低了家族品质水平。尤其是在当代，允许自家女儿成为别人家庭的"入侵者"去鸠占鹊巢，可能还涉及价值观的重要问题。如此养育的子孙后代，恐怕德不配位、必有灾殃。经常说听过无数的道理，却仍然过不好这一生。明知妻妾成群危害很大，但是品行端正、自我约束并非人人都能做到。"本我"和"超我"，就像心里的两个小人总是在打架。

原配与"入侵者"之间的战争，会随着"入侵者"生养出自家丈夫的孩子而升级。原本的羡慕嫉妒恨，只是局限在两个女人之间。但随着"入侵者"怀孕生子，那就要开始为抢夺养育后代的资源而敌对。为了谁的孩子能够成为"储君"而争抢，这已经不是简单的争风吃醋。母亲往往拥有替代成就感，自己忍受的愁苦都是值得的，因为孩子的成就让其脸上有光。可谓，女本柔弱，为母则刚，非常符合生物进化论的基因繁衍需要。其他女人生的孩子，威胁到自己孩子的权益那是不能轻易放过的。清朝宫斗戏很容易让人有代入感。将来不仅财产要被分走一杯羹，而且无法拥有"君临天下般"的掌控权力，母亲天天为孩子操心。原以为家产百分之百都属于自家孩子，但眼看指缝细沙慢慢流失，挫败感让自己夜不能寐。因为损失厌恶的人性特征，这种得而复失的痛苦可能比一开始就没有得到过要严重很多。

双汇万洪建呼天抢地头撞玻璃墙柜，甚至写举报式公开信的行为就不难理解了，因为万洪建一直被称为"双汇太子"。中国封建王朝的太子们，离皇帝之位一步之遥，深藏功名与野心，谨慎小心数十年，一旦被废可谓生不如死，因为任何新主都容不下前朝太子。太子与父皇关系很是微妙。老皇帝面对如日中天的下一代，一方面，为自己良好的基因传递下去而自豪；另一方面，也有对自己生命之火逐渐熄灭的感伤，恐惧在朝廷、在皇族、在后宫众多女人那里逐渐失去权势和习以为常的尊重。不少老皇帝越是年老，对权力的掌控欲望越强。与其说是贪图权力，不如说是对仅存时光的留恋。万隆是双汇公司的大股东与精神领袖，控制权是维持他生命力的不老丹药。1977年法国文学批评家勒内·吉拉尔（René Girard）提出权力交接的两难因素。一方面，在任的人对继任者有期望，感知孩子的模仿而得到满足。另一方面，当孩子仿照倾向特别严重的时候，反而会导致在任者的嫉妒、竞争甚至是杀戮。这也是父子权力斗争的俄狄浦斯情结。强势的父亲让孩子既敬畏又想模仿。一方面，就能理解为什么年逾五十的万洪建仍然"非常非常非常怕父亲，怕得不得了"。另一方面，如果无法脱离"鹦鹉学舌"的窠臼，儿子最后只能学个七八成，强将手下出弱兵，一代不如一代。

万洪建，揭批父亲侵害公利又缺私德的举动，不仅仅是因为"老太子"的权力旁落，更是要为母亲出口气。春秋时期，齐僖公两次想把自己的女儿下嫁给郑国的太子忽都被婉拒，这就是"齐大非偶"的出处。小国的太子忽想必是坚信匹配和势均的夫妻才有利于婚姻稳定与子孙的繁衍。婚姻里如果一方飞扬跋扈，不给对方尊重，家庭鸡飞狗跳尚且不说，弱势一方生气郁结失去健康，与子女"相依为命"联手共同对抗强势者，不利于子女实现分离与个体化。听话、忠厚、乖巧的孩子很容易被母亲拉拢，成为可以依靠的"白衣骑士"。这个联盟只有当"敌人"不再强大时才会解体。有的，要一直等到父亲在病榻上奄奄一息，家庭才会和解。而当下，母子联手，对抗父亲；母子联手，批判"入侵者"；父亲与"入侵者"也会组成联盟，对抗婚姻内的妻子，继而一个个三角关系在家族内形成。家族企业，由于家族与企业渗透、情感与理性交织，利益关系会固化情感连接，使得联盟与对立更加鲜明。在这家全球最大的肉食品企业，两代屠夫杀的可不再是猪。

"老子党"与"太子党"的权力斗争，将家事暴露于公众。万氏自揭伤疤于外人的举动，一副同归于尽的态势，不仅仅是普通人茶余饭后的谈资，更是创富家族领袖们吸取教训的宝贵机会。所谓"家风"是第一代坚守初心、以身作则，是第二代富而思源、富而思进，是子孙后代值得学习与传承的家族文化，是每个人都可以是后世仰视的丰碑。

七、翁婿关系："半个儿子"如何不同？

无论是梨园世家、岐黄家族还是政治门第，都不乏女婿传承的案例。商人家族也有类似，乘龙快婿承老泰山衣钵，甚至能够帮助家族更上一层楼。不过，古今中外，子承父业乃常态。按照传统宗法制，女儿是要嫁出去的，传宗接代靠儿子，载入家谱的也是儿子。农耕文明时代重要财产是土地，自然是给到儿子的，女儿嫁到外地，房屋和土地哪里带得走？除非无子抑或男丁实在不可救药，招上门女婿是不会考虑的。儿子就算是阿斗也得扶上马，轮不到"外人"。不过，眼下中国确实不少独女家庭，女儿接班实则女婿上位。但是女婿接班的历程殊为不易。

有观点说儿子接班难，但女婿接班容易。理由是女婿可以选，儿子没得选。儿子垄断继承权，不思上进。你看哪家垄断企业积极进取、拓展市场还严控成本的？另外，女婿和岳父冲突少，儿子则要不时地挑战一下老子权威，迫使血压比智商高。这些证据站不住脚，如今婚姻自由，女儿找哪个男性做丈夫，父亲早就没有决定权了。挑选毛脚女婿可不是招职业经理人那样可以精挑细选，让若干候选人回家静待消息。即便是挑中了的经理人，事中事后还是可以被炒掉的。女儿的婚姻大事，自当是女儿自己决定，就像鞋子是否合脚，只有她自己知道。女儿选夫并且女婿接班，太复杂，一不小心人财两空，老丈人不当这个恶人。以此看来，女婿既然不是丈人挑的，找其接班怎么就容易了呢？毕竟，不像儿子能够从小耳濡目染，女婿来自截然不同的家庭，不一样的文化养成，本质也是"空降兵"，一起共事，这可不是女儿作为"小棉袄"能够简单地调和得了的。

对于岳父来说，不仅自己的宝贝女儿离开了身边，自己第二个孩子——企业还要被女婿来接管，让幸运的小子如此"不劳而获"，搁谁都不容易接受；而且，如果一向乖巧的女儿结婚后有了"小家"的概念，胳膊肘往外拐联合起"外人"，连针线都要从娘家往小家拿，那父母只能是摇头苦笑了。有时，女儿翅膀硬了敢叫板自己，父亲以前可没有经历过这种"嚣张"。如果说父子代沟宽过黄河，那么翁婿之间隔着太平洋。有位企业家对下属称呼自己的女婿为"小老板"极为不满："我又没有儿子。即便有儿子，也不能叫我儿子为小老板。"这位企业家倒是对在公司里的侄子评价更高："我侄子，是我大哥的儿子，倒是跟我有些血缘，而且我是看着长大，是我们家的长房长孙，就是跟我更亲近。"

同样是"in-law"，相对于独子家庭对儿媳（daughter-in-law）的要求，独女家庭对女婿（son-in-law）的考察更为严格，因为事业将来多依赖这个没有血缘关系的"半子"，仅仅靠长相是不够的。甚至对那些靠长相或者甜言蜜语获得闺女青睐的女婿，岳父岳母那是相当嫌弃的，不会给予尊重，更不会赋予信任。这个家的女婿不好做。韩国三星集团会长李健熙的"长公主"李富真与保镖的婚姻并不幸福，婚姻破裂之外还增加了分财产的诉讼。无论是女儿李富真还是父亲李健熙，都犹如做了一场噩梦。而前女婿任佑宰也有他的委屈，他那平民父母在孙子9岁的时候才亲眼看到。无论是女婿还是儿媳，有一点倒是相同——经常被当作替罪羊。对于岳父来说，一旦女儿不再是贴心小棉袄，想必就是女婿的怂恿和挑拨。原生家庭一直平静幸福，但是子女长大结婚，跟父母有了距离感，那一定是女婿或者儿媳妇在搞小动作。创业家族的女婿，除了要得到"公主"喜爱，还要拥有经营管理才能，还必须足够忠诚得到"国王"信任。女婿接班不是简单地做好职业经理人角色，他是有家族责任的职业经理人。

常有人说在日本女婿接班很多见，即为"婿养子"。其实是道听途说，以讹传讹，日本的"婿养子"也是少数派。跟中国一样，有儿子怎么会让女儿女婿接班？东亚文化极为相似。日本帝冢山大学 Tokichi Kim Ueda 教授统计了 1945—2012 年 2223 家日本上市家族企业的数据，发现其中只有 79 家企业由女婿接班，占比不到 4%。日本女婿接班可不容易，仍然有信任问题。早年，女婿入赘要跟着岳父姓，为了表示忠心，是必须与自己的亲生父母断绝联系的。在日本做"婿养子"如履薄冰，经营得好还能得到女方家族的认可；如果经营得不好，那是跟职业经理人一样，等到其他家族成员上位，女婿在太太家没有位置，跟自己的父母也早已断绝关系，名下无财产也无名声，下场戚戚。

八、父析子荷与共同的家族使命

缓和紧绷的父子关系之弦，需要找到各自该有的角色并达成共识。两代人的差别是冲突之源，但也为互相补位提供了可能。古语有"父析子荷"之说，父砍柴、儿担柴，各有专长，互相欣赏，事业延续。就像童话大王郑渊洁与其子郑亚旗，父亲负责内容，儿子负责市场；父亲是艺术家，儿子是商人，相得益彰。我身边还有一位开明的父亲发现儿子更擅长公司战略等偏宏观的事务，便将企业上市交给儿子，让儿子当董事长，而更擅长生产与成本管理的自己则降为生产副总经理，和儿子一起定制度、组团队，为五年后职业经理人经营接班做准备。

君主型企业家往往表示要等到儿子成熟再交班。这原本就是一个悖论：没有授权、没有交班，儿子又如何成熟？有一种爱，叫作放手。如果只是枝条，永远不可能粗过树干。唯有剪下的枝条，才能长成参天大树。尽管刚扦插的枝条，看上去萎靡不振，令人着急，直到枝头吐绿才让人稍稍松口气。就像植物不经历几个四季轮回无法实现根深叶茂一样，新生代没有经历几次宏观经济与行业周期调整，还不能说对该商业领域有深刻认识。

时代在巨变。"没有做错任何事情"的企业仍然可以被颠覆。搜狐创始人张朝阳曾经担忧地说过，作为 50 多岁的总裁，他领导着 40 多岁的中层管理者组织 30 岁的产品团队想着为 20 岁的年轻人提供服务。整天拿着智能手机、沉浸在微信与游戏中的年轻消费者会从产业链的最终端撬动整个商业生态。新生代作为年轻人的一部分，自然更熟悉这个消费群体，具有比父辈更了解其需求的天然优势。

企业家父子关系也要做些改变了。古代，在南山之阳有木名乔，高大挺拔，分枝繁茂，而在南山之阴有木为梓，低矮轻软，故用"乔梓"来形容为父为子之道乃父尊子敬、规范伦常。不过，父为子纲、长者为尊的家庭传统，早在 100 年前，就被五四运动的先驱者们批评为过于沉重的早衰文化，因此少一些威权，多一些欣赏，维护子女、允许孩子犯错而不是急于纠正，善于表达舐犊之爱，不失为一种好的选择。传承成功与否关键看二代的修为，但是传承的责任人则是拥有话语权的第一代。唯有父亲放下身段、主动补位才是实现父子融洽之密钥。

虎为百兽尊，罔敢触其怒。唯有父子情，一步一回顾。人到中年，看到逐渐老去的父亲，会开始理解和包容：以前看不惯父亲的诸多缺点，其实乃人之常情，不是圣贤的自己也在重蹈覆辙；父亲有喜怒哀乐，只是那个时代背景烙印下的普通人；父亲留下的创伤，也是我成长的力量。我是我父亲的儿子，也是我儿子的父亲。我是父亲的果，也是儿子的因。我们都是家族历史上的过客，是家谱上的一个个名字。我们因爱伟大，我们因爱常青。

第七章　同胞关系

家庭动力是家庭内部成员之间不同的关系以及由此产生的相互影响。家庭的内在动力决定了每个家庭成员的行为特征，也使得每个家庭展示出不一样的家庭功能。家庭动力的核心理论是系统观。分析家庭动力的着手点是家庭结构：以外在的夫妻、父子女、母子女、同胞的关系，基于血缘和亲缘连接，在共同的家庭价值观和家庭历史影响下，去努力满足其他家庭成员的需要。家庭动力的影响因素有：家庭规模，家庭角色是否完整，子女数量、性别，家庭文化，等等。比如，孩子做不做家务、哪个孩子做家务都是由家庭动力所引致。子女长大后，谁来赡养老去的父母，也是跟子女未成年时的家庭动力有关。有一位企业家的二代倾述说，自己的叔叔从小不懂事，会将原本留给干体力活的爷爷奶奶吃的鸡蛋吃掉，叔叔长大后对爷爷奶奶也鲜有过问，少有赡养，但即便如此，爷爷奶奶也不怪他，坚持要求把大儿子买的房子留给小儿子。

出生顺序影响孩子人格的发展，不是因为孩子出生有先后就天然地从娘胎带来不一样的人格特质，而是有以下三个原因：第一，不同顺序孩子的成长阶段尤其是婴幼儿阶段，父母亲密关系不同，家庭经济条件不一样，就连身体素质也不一样，满足孩子需求的能力存在差异。第二，父母对出生顺序不同的孩子有不同的期待，孩子在家庭中的地位和责任也不同。最常见的是家里最大的孩子有共性的责任——管教弟弟妹妹，家里的弟弟妹妹们则是从小受到体力和智力发育更早的哥哥姐姐管着。第三，父母对出生顺序不同的孩子有不一样的偏爱。偏爱可能是偶然性的因素，也有些具有常见规律。比如，父母爱幼儿，祖父宠长孙。小儿子或者小女儿在情商方面要超过哥哥姐姐。当然，出生顺序对孩子人格发展的影响目前仍然有不少争议和进一步探讨的空间，毕竟人格发展受许多变量的影响。

一、陶朱公的清醒

司马迁在《史记·越王勾践世家第十一》中记录了陶朱公范蠡的大儿子与三儿子在救二儿子行为中表现出不同的性格特征。司马迁是这样叙事的：

> 朱公居陶，生少子。少子及壮，而朱公中男杀人，囚于楚。朱公曰："杀人而死，职也。然吾闻千金之子，不死于市。"告其少子往视之。乃装黄金千溢，置褐器中，载以一牛车，且遣其少子。朱公长男固请欲行，朱公不听。长男曰："家有长子曰家督，今弟有罪，大人不遣，乃遣少弟，是吾不肖。"

欲自杀。其母为言曰："今遣少子，未必能生中子也，而先空亡长男，奈何？"朱公不得已而遣长子，为一封书遗故所善庄生，曰："至则进千金于庄生所，听其所为，慎无与争事。"长男既行，亦自私赍数百金。

至楚，庄生家负郭，披藜藋到门，居甚贫。然长男发书进千金，如其父言。庄生曰："可疾去矣，慎毋留！即弟出，勿问所以然。"长男既去，不过庄生而私留，以其私赍献遗楚国贵人用事者。

庄生虽居穷阎，然以廉直闻于国，自楚王以下皆师尊之。及朱公进金，非有意受也，欲以成事后复归之以为信耳。故金至，谓其妇曰："此朱公之金。有如病不宿诫，后复归，勿动。"而朱公和男不知其意，以为殊无短长也。

庄生间时入见楚王，言"某星宿某，此则害于楚"。楚王素信庄生，曰："今为奈何？"庄生曰："独以德为，可以除之。"楚王曰："生休矣，寡人将行之。"王乃使使者封三钱之府。楚贵人惊告朱公长男曰："王且赦。"曰："何以也？"曰："每王且赦，常封三钱之府。昨暮王使使封之。"朱公长男以为赦，弟固当出也，重千金虚弃庄生，无所为也，乃复见庄生。庄生惊曰："若不去邪？"长男曰："固未也。初为事弟，弟今议自赦，故辞生去。"庄生知其意欲复得其金，曰："若自入室取金。"长男即自入室取金持去，独自欢幸。

庄生羞为儿子所卖，乃入见楚王曰："臣前言某星事，王言欲以修德报之。今臣出,道路皆言陶之富人朱公之子杀人囚楚,其家多持金钱赂王左右,故王非能恤楚国而赦,乃以朱公子故也。"楚王大怒曰:"寡人虽不德耳,奈何以朱公之子故而施惠乎!"令论杀朱公子,明日遂下赦令。朱公长男竟持其弟丧归。

至,其母及邑人尽哀之,唯朱公独笑,曰:"吾固知必杀其弟也。彼非不爱其弟,顾有所不能忍者也。是少与我俱,见苦为生难,故重弃财。至如少弟者,生而见我富,乘坚驱良逐狡兔,岂知财所从来,故轻弃之,非所惜吝。前日吾所以欲遣少子,固为其能弃财故也。而长者不能,故卒以杀其弟,事之理也,无足悲者。"

我们分析这个案例,应该说陶朱公的长子要为最终没有救出其二弟承担责任。失败的原因就是长子太看重金钱,心疼送出去的财物,误会庄生没有施救,宁愿相信楚王大赦才是二弟出狱的原因,出尔反尔索回钱财惹怒庄生。陶朱公分析了大儿子这种财富观的原因:大儿子一直跟着自己做生意,知道赚钱的艰辛;反观小儿子,从小遛狗跑马,不事商业,视金钱如粪土,一定不会把送出去的钱要回来,所以一开始陶朱公就是派小儿子前往营救其二哥。

这个案例还特别形象地介绍了大儿子的性格,那就是家族责任感,主动替父亲分忧,抢着要去楚国,而且老大要面子、摆权威的个性跃然纸上，动不动自杀给大家看。辛弃疾在《清平乐·村居》中通过三个儿子在做的事情也刻画出各自的分工与性格，"大儿锄豆溪东，中儿正织鸡笼。最喜小儿亡赖，溪头卧剥莲蓬"。大儿子既然在做农业，那么二儿子就可以做手工业；既然两个兄长都在忙活，把家里的活都干完了，小弟自然可以溪头卧剥莲蓬。末生儿的家庭责任感不高，因为家里有哥哥姐姐撑起了一片天。习惯于有大个子顶天立地，他就从不操心天会塌下来。

家里最大的孩子，往往要领导弟弟妹妹，进而有较强的责任感，也有相应的控制欲望。作为初生的孩子，集宠爱于一身，但是随着有了弟弟妹妹，不再成为家里的重心，容易有嫉妒心，严重的会有心理问题。生第一个孩子，父母没有经验，对后代有新奇感，也比较重视培养，经常向朋友介绍这个家庭新成员，但随着第二个孩子的出生，这种"晒娃"的兴趣就大幅减少了，头生儿必须与新成员分享父母之爱，这时，头生儿的失落感大多比较强烈。因此，在头生儿中经常可以发现问题儿童。在家族企业，最大的孩子智力体力发育早，理论上也更早地进入社会，往往更早与父亲合作创业，经商经验丰富，尤其是那些兄弟姐妹年龄差距比较大的家庭。传统上，有长兄如父、长嫂如母的说法。

而最小的孩子，更容易被溺爱，家庭的经济条件也丰裕，物资供应、营养状况都会更好，父母的养育经验也足，但是周边的人都比自己强壮，有强烈的自卑感。末生儿进而发展出属于他们的独特优势：凭借年龄小，大力发展情商，获得父母更多的关爱，以此对抗更强大的哥哥姐姐。根据法兰克·萨洛维（Frank J. Sulloway）提出的家庭生态位理论，每个人在家中的位置影响各自的角色和功能，由此形成大家的互相关系，决定了长期状态下人们的性格。① 如果说家庭也是一个生态系统，那么物种之间——也就是家庭成员之间——既有竞争关系，也有合作关系。在出生稍早的同胞已经占据家庭生态位的情况下，后来者只能在剩余的空间里去绽放生命之花，因此会另辟蹊径去争取阳光和雨露。哥哥姐姐读书不好，那么弟弟妹妹就努力获得优异的学习成绩，让父母喜欢，从而家庭成员表现出一种合作关系；如果哥哥姐姐读书很好，那么弟弟妹妹不会用各科成绩来争宠，会产生其他的方法，比如经常生病、身体较弱，同样能够获得父母的关心，从而表现出一种竞争关系。叛逆，让幼子显示另类的强烈生命力量。不得不说的是，因为他们受家庭的溺爱，末生儿中的问题儿童也不少。

二、顽劣的薛蟠与乖巧的薛宝钗

《红楼梦》中，薛家衰败的主要原因是接班人薛蟠骄横跋扈的"呆霸王"性格。金陵薛家不简单，"丰年好大雪，珍珠如土金如铁"。"紫薇舍人薛公之后"的薛蟠，背靠皇商的身份采办杂料，祖上留下不少店铺、地产和田产，挂靠户部凭虚名支取钱粮，舅

---

① Sulloway F J. Born to Rebel：Birth Order，Family Dynamincs，and Creative Lives[M]. New York：Pantheon Books，1996.

舅王子腾为京营节度使，姨父贾政为工部员外郎。"富二代"薛蟠不学无术，硬是将"唐寅"二字读成"庚黄"。他的狂妄无知，自然跟幼年丧父、寡母溺爱有关。平时就斗鸡走马、游山玩水，在金陵看上香菱强收为丫鬟，叫手下打死竞争对手冯渊扬长而去，无人敢阻拦。五年后，薛蟠自己也吃上官司，在南边做生意，因为酒保多看了几眼同行的蒋玉菡，找茬拿酒碗砸死对方，草菅人命，这才是真的混世魔王。从戏里到戏外，媒体曝出的当代云南孙小果几乎如出一辙。从死刑到死缓再到狱外活动再犯事，离不开他母亲孙鹤予的错误教育以及犯事后的四处活动。

有意思的是，孙小果有一个亲哥，与弟弟截然不同。哥哥23岁成为武警警官，从此保家卫国守土尽责。戏里的薛蟠，也有一个迥然有异的妹妹，知书达理，集传统思想文化于一身，以女儿身担起家族重任，如若是男丁更可能功成名就。同一个家庭所出，竟然有如此截然不同的孩子。一个是直插云霄、亭亭如盖的乔木，一个是伏地而出、斑斑驳驳的灌木；一个是"乔木亭亭倚盖苍，栉风沐雨自担当"，另一个是"萧森灌木上，迢递孤烟生"。在优质品旁边，似乎就要搭一个残次品。也可以理解为，既然已经有"残次品"，另一个必须努力长成"优质品"，安慰父母、支撑家庭。

眼看家族衰败，哥哥薛蟠又是恣意纵横，惹是生非不成器，小两岁的薛宝钗挺身而出，背负家族使命。首先，她深明大义，一直期待能够进宫选秀女，即便明知伴君如伴虎，仍然试图以一己之身挽救家族。其次，知晓哥哥不能承顺母意，便不再以书画为事，留心起家庭生计为母分忧。最后，她做事规矩，分寸拿捏得当，因为王熙凤身体原因而短暂地行使管家职务，内外安排有条不紊，丝毫不差，更难得的是知晓自己辅助的角色，哪些能做哪些不能做。哥哥的乖张顽劣更显得妹妹的冷静得体。对待贾宝玉的感情，不像林黛玉动不动哭肿双眼那么外露；对待金钏投井只是多给点银子，既安慰了王夫人又强调家族名声；听说柳湘莲错失尤三姐而出家，只是冷漠地说了一句："天有不测风云，人有旦夕祸福。"对家族的一腔热血，对人情世故的务实冷血，构建了有血有肉的人物形象。与其说薛宝钗是封建社会小女子，不如说是传统家庭的"大男子"。

从仆人动手，到自己找茬伤人致死，薛蟠越来越不受控制，最后落了个绞监候。老母亲一次次纵容，只会让他更胆大妄为，随性伤人。在贾府，恩怨情仇致死多人，但是亲手打人致死的两起命案，都是薛蟠所为。第一起草菅人命案，就已经罪责难逃，但是有姨父的权势和母亲的银两开道，得以开脱，更加助长了其霸道横行。碗砸酒保致死一案，老母亲打点知县、道里还有京城各衙门，终于从斗殴致死改为过失杀人。直到皇恩大赦，再到各地借款凑足银两赎罪。"珍珠如土金如铁"的薛家，终究要折变当铺、四处借贷才能保住儿子之命。薛蟠就像巨大的漩涡，吞噬家族财产；面对这个烂摊子，薛宝钗也必须挺身而出，只有自己的乖巧获得母亲暂时的开心，深明大义地想去选秀做公主伴读，有机会攀上皇室，挽救家族于"大厦将倾"。

三、同胞顺序与性格品行

同胞不同的品行和成就，就像树林里的乔木和灌木，拔地而出之时差别不大，但是开枝散叶，轨迹迥异。既是使命感的差别，也是父母对待孩子的不同态度导致差异。传统封建社会，薛姨妈重男轻女本身就有宠爱，加上丈夫过世，夫妻平衡关系缺失，儿子虽小但10多岁就继承家业，成为后半生精神和物质上的依靠，儿子之事自然连着母心，过度宠溺才导致儿子行为乖张跋扈。而孙小果也有类似，从小父母争吵，行为叛逆，母亲为此事内疚于心，给予各种物质补偿，一旦犯事也是四处活动，弥补少时教育的缺失，最终还是溺爱毁掉子女人生。

人本主义心理学家阿尔弗雷德·阿德勒是第一个强调出生顺序影响孩子人格形成和发展的心理学家。他对中间孩子评价较高，可能跟阿德勒自己是中间儿有关。他推测家中老大责任心强，而末生儿因为溺爱缺乏同理心和对社会的同情心。

中间顺序的孩子，他们不大也不小，不会引起父母过多的重视，因此具有强烈的赶超意识，要超过哥哥姐姐；他们也不如弟弟妹妹那么能够撒娇获得父母的关爱，因此反而更容易成功，用自己的成功以及对家庭的贡献，向父母证明自己值得关爱。居于中间位置的孩子承上启下，在哥哥姐姐面前是弟弟妹妹，在弟弟妹妹面前是哥哥姐姐，所以有更强的沟通能力和管理水平，更容易成为优秀的组织领导者。中间顺序的孩子赶超别人的倾向，会贯穿他们的一生。

在中国，由于计划生育政策，独生子女家庭比重会超过其他国家，即便全球有着明显的少子化倾向。独生子女身上很少具有多子女家庭孩子才有的争宠特质。他（她）几乎垄断了家庭所有的养育资源，但也要独自承担所有的赡养责任。在众星捧月般的成长阶段，孩子吸引了父母、外公外婆、爷爷奶奶等众多注意力，集宠爱于一身，也背负了太多的条条框框，因为每个长辈可能都有不一样的养育准则。独生子女身上有着不一样的自信和自尊，但也因为巨大的期待和压力，可能产生逃避情绪。长大后，他们勇担家庭责任，也无同胞兄弟姐妹可以协商，自己就连感冒发烧也不可以有，因为家里有好几位老人需要照顾。

除了关注同胞顺序对性格养成的影响，大家还关注另一个百年疑问：同母所生，谁更聪明？人们往往有一种刻板印象：老大因为懂事稳重，更为聪明；也有的认为末生儿为人机灵，更为聪明。人格特质和智商之间应该没有显著关系，情商与智商未必同时"双商在线"。

早在 1874 年，英国学者弗朗西斯·高顿（Francis Galton）就对科学家群体做了简单的统计，发现家中排行为老大的科学家比重要超过其他人，与全国人口中各个出生顺序人口比重不相称，他推测老大应该得到了父母的特殊资源和特殊关照，才有了如此的智力成就。而高顿本人在家中排行最小。德国莱比锡大学的莱莉娅·罗雷尔（Julia Rohrer）统计了2万多个来自英国、德国和美国的样本数据，于2015年11月在《美国国家科学院院刊》发表，数据显示首个孩子有52%的概率比第二个出生的孩子有更高的智商。

朱迪斯·布莱克（Judith Blake）提出了资源稀释理论以解释子女数和子女成就的关系。[①]假定家庭资源是既定的，那么子女数越多，每个子女所得资源越少，故而大家庭的孩子相较于小家庭，更不容易取得成功。不过，即便大家庭，由于初生儿拥有一段没有弟妹的生活，所以相对而言获得资源较多，更容易获得营养和关注，学业上更有成就。不过，正是因为家庭资源恒定的假设，该理论存在适用性问题，多数家庭是随着做父母的人力资源上升，家庭经济水平得以提高，尤其是在中国，由于每年经济的强劲增长，如果孩子年龄相差较大，后出生的孩子反而得到更好的物资方面供给。当然，做父母的精力会被更多的事业或者孩子分摊，后出生孩子得到较少关注，也是有可能的。

社会心理学家罗伯特·扎荣茨（Robert Zajonc）和格里高利·马库斯（Gregory B. Markus）提出了汇合模型论。[②]他们认为孩子受家中"智力环境"的影响，整体智力水平高，孩子的智力发展就占优势。初生儿的家庭智力环境较好，因为家里只有父母，他们

---

① Blake J. Family Size and the Quality of Children[J]. Demography, 1981, 18（4）: 421-442.
② Zajonc R B, Markus G B. Birth Order and Intellectual Development[J]. Psychological Review, 1976, 82（1）: 74-88.

智力水平较高。随着越来越多孩子的出生，家庭智力环境质量会下降。晚出生的弟弟妹妹就不如哥哥姐姐当时智力环境高，不容易获得智力上的优势地位。更重要的是，老大在弟弟妹妹面前扮演老师、家长的角色，也逐渐形成了必须更聪明、更强大、思考更周全的自我认知。虽然，这可能是过高地估计了自己的智力水平，但是这种自信会转化为现实优势。这也就是所谓"优秀的孩子是夸出来"的道理所在，有时候又称为罗森塔尔效应。

不得不说的是，无论是对人格发展还是智商水平，出生顺序确实有着显著的影响，但要注意只是总体层面上的概率而已，如果用来预测个体并没有实际意义，因为还有很多因素会影响智力与性格。[①]家里老大是否有更高的智商，中间儿是否有更强的领导力，老小是不是更有创造力，都很难说，切莫得意忘形，也不要妄自菲薄，形成思维定式，反而是人际期望效应要得到重视，教师或者长辈对孩子的殷切期望会戏剧性地收到预期效果。

四、父母的偏爱与同胞的顺序

并不是每一个父母都能做到平等地对待每个孩子。每个孩子对爱的理解不同，索取也不一样。父母就算是做到平均分配时间与精力，但是每个孩子的感知仍然不同，有的仍然觉得还不够，

---

① Rohrer J M，Egloff B，Schmukle S C. Examining the Effects of Birth Order on Personality[J]. Proceedings of the National Academy of Sciences，2015，112（46）：14224-14229.

有的则是觉得过了头、束缚了手脚。更多的时候，是父母对某个孩子不断地索取，而对另外的孩子不断付出，甚至还不自知，这就是偏爱。前些年电视剧《安家》里的房似锦、《都挺好》里的苏明玉，她们的母亲都表现出要求女儿做出牺牲。苏明玉母亲要求即将高考的苏明玉给上大学每周拿一袋子脏衣服回来的儿子苏明成洗衣服，还要求女儿放弃清华大学，选择低学费的师范大学，并且为苏明成花钱找工作，补贴苏明成每个月生活费。房似锦母亲要求房似锦给弟弟付买房首付，还要求承担每个月的按揭款，不顾女儿在城市里居无定所、四处租房的窘迫，这种剥削连儿子都看不过去。没有觉醒的女儿，不惜牺牲自己以及小家庭的利益，一味地做出让步，好处轮不到但是付钱第一个，做了个"扶弟魔"。如此无限制地付出，堪称愚孝，因为这就是亲近父母、换取父母对自己称赞的唯一形式。从小缺爱的孩子要不断地从父母那里获得认同，来强化自己存在的意义。很多中国家庭，女儿最怕的就是被父母"视而不见"，因此非常乖巧地承担大量家务，希望从其他兄弟姐妹中分得父母的爱。父母的冷淡，促成了那些得不到爱的孩子因为不甘心而迎合。唯有接受父母不会更爱自己的事实，才可能停止愚孝。但是，又有哪个孩子不期待父母的关爱呢？

得不到父母关爱的女孩，也往往容易遇"渣男"。即便成人，内心住的那个小孩子还是期待父母的关爱，而"内心的父母"投射到了男友身上，在娘家时拼命讨好父母，长大后会讨好男友，关系的天平一旦失衡，更爱的一方就会被敲竹杠，男友便胜出；女孩对男友的讨好，不要求感谢和回报，但毕竟让男友产生愧疚感，就算是人品不错的人也会因为身负愧疚感而莫名其妙地愤怒，会慢慢疏远她。在极度缺爱的家庭长大的女孩，一旦在外碰见稍稍对她好的男人，就愿意一起共度一生，结果还是得不到这个男人一生的爱。

第三篇

家庭治疗

第八章　家庭治疗师与家庭治疗：理论与概念

穆雷·鲍文（Murray Bowen）是专攻精神分裂症的精神科医生，以提出基于家庭系统的治疗理论闻名。电气革命之后，美国城市化和工业化水平空前提高，又经过了两次世界大战，社会问题、家庭问题凸显：离婚率上升，另外关于家庭暴力、婚外情、两代关系紧张的报道充斥各种媒体，精神障碍的人数与日俱增。但传统精神疾病治疗方法未有显著疗效。医院运用的还是传统的隔离治疗，医生在治疗过程中发现了一个有趣现象：患者好转后回到原生家庭，健康情况又会变得糟糕，只能回院继续接受治疗，但是看上去好转可以回归家庭，结果又是患病。是这个家庭需要这样的精神障碍患者？是家庭出现了问题？此时的国际学术界出现了系统论、控制论，拓展了弗洛伊德的个体治疗思路。从此，研究精神疾病必须关注患者与家庭的互动关系。

一、家庭治疗的理论基础

系统论和控制论的兴起为家庭分析提供了理论架构。系统论坚持系统大于个体总和的基调，强调信念和价值的重要性；心理学家将这些知识拿来予以改造，认为要理解孩子，只观察个体而不分析家庭是不可想象的。控制论强调反馈链条和反馈圈、系统内部以及系统与环境之间的信息传递，对总体的稳定状态产生正向和负向的作用，系统内的操作行为受到作用结果的反馈性调节。

依附理论是家庭分析的第三个重要基础，它是理解长期人际互动关系的重要理论。最早适用于婴儿与其母亲之间的依附关系，主要可以分为安全型、回避型和矛盾型。安全型是指只要母亲在视野范围之内，孩子就能够对外界做出积极反应，勇敢并且乐观地探索新世界；回避型则是与母亲建立不起亲密的感情连接，缺乏对母亲的依恋，回避直接的母子接触；矛盾型，是一种内在冲突的期待，既期待与母亲的接触又反抗母亲的爱抚，外在的对抗非常明显。这三种依附关系，对应于家庭关系的良好适应（adaptive）、疏离（disengaged）和纠缠（enmeshed）三种。本书第九章，我们将会看到一个案例：原本与父亲相依为命的女孩子妞妞，在发现父亲再婚并有了同父异母弟弟之后患了精神疾病。妞妞跟父亲的关系，是从安全型走向了矛盾型。这种矛盾表现为自己逃离家庭，也表现在内心感觉被抛弃的抗争，陷入了与父亲的纠缠，卷入父亲与继母之间的生活，看到父亲创业艰辛内心很多不舍，而自己太关注父亲生活让自己失去了自我发展的空间。

系统论与控制论侧重于家庭系统，"只见森林不见树木"；依附理论侧重于家庭成员间的互动模式和情感连接，"只重形式忽视内容"①。建构主义心理学家认为知识不是发现的过程，而是通过与患者一起过滤、分类、建立连接来建构的，世界因此有了意义。心理治疗过程是对患者个人的意义以及人际的意义进行多元化及微妙的交流与协商。②叙事疗法（narrative therapy）认为人不是问题，每个人都有自己的主控叙事，当自己生活经验与主控叙事互相矛盾时，问题就会浮现出来。这就与建构主义呼应起来，真理是人建构出来的，但人们又赋予真理崇高的地位。人们在这些所谓真理的统摄之下塑造和生活，不得不有选择性地建构主流文化所允许的一部分生活经验，主流文化的压制就导致了问题。有的人如果观察自己的行为长期都不符合社会主流标准，就会形成消极的自我认同。治疗师与患者之间是合作治疗关系，患者才是专家，没有人比患者自己更能了解人生故事，打开新的认知世界之窗的唯有自己。我们每一个人都在寻找生命的力量。

二、家庭系统理论与鲍文的八个概念

鲍文作为家庭治疗的理论创始人，年轻时接受过医学教育的培训，世界大战、服兵役的经历改变他的研究重点，实现了从外科到精神研究的领域转变。1946 年，他开始在梅灵格医院

---

① 胡赤怡，李维榕，王爱玲.试论家庭治疗的理论基础 [J]. 医学与哲学，2005（8）：63-65.

② Mahoney M J. Constructive Psychotherapy：A Practical Guide[M]. New York：Guilford Press，2003.

（Menninger Clinic）^①当临床医生，研究小村庄里患精神分裂症的小孩与其一起生活的母亲，即"母亲—孩子"共生（symbiosis）现象，提出了自我分化（differentiation of self）的概念。所谓的自我分化是独立于他人，完成情感和想法与他人的分离。反观那些病人，总是有一个与其情绪紧密联系的母亲，有焦虑依附（anxious attachment）。有了这种紧密关系，每个人都是其他人的心理囚徒，没有自主性。

鲍文之后去国家心理健康研究所（NIMH）工作。在研究了500多名患者之后，他发现，这种依赖不仅存在于患者与母亲的关系之中，还存在于其他家人之间。因此，他不仅让精神分裂症患者住进医院，而且是让整个家庭的家庭成员全部住进医院。他将母子共生的视角拓展到三角化（triangles），因为他发现有的家庭通过把孩子拉进来，将夫妻两个人的冲突转移。1959年，鲍文离开国家心理健康研究所，去了乔治城大学医学院（George Town Medical School）做精神病学教授，直到1990年去世。他有了一个惊人的发现：非常多存在不太严重心理问题的家庭，也有类似的现象，也就是说正常家庭与病态家庭没有明确的界限。这意味着，他的理论适用于我们常见的家庭。并非每个人都会爆发

①Menninger Clinic 现在经常翻译成梅灵格精神分析学院，它已经不仅仅是指一家位于得克萨斯的诊所，而是美国顶尖的精神科专科医院，而且还是全世界著名的梅灵格精神科训练医学院，很多著名的全球性心理学家都曾经在这里工作或者学习过。1925年，查尔斯·梅灵格与他的两个儿子卡尔与威廉在堪萨斯创了这家医院。20世纪40年代，著名的自我心理学家拉波帕特（David Rapaport）执掌该医院，使该院成为美国最大的精神科医生培养和训练中心，包括临床医学的博士后培养。

精神上的疾病，但是普遍都携带"病原体"——因为家庭关系让自己感知对生存状态的痛苦进而产生焦虑。爆发前只是免疫系统与"病原体"的相对平衡，但是出现身体疾病、失业、亲人去世等冲击时，精神的免疫系统会失去抵抗力，进而精神障碍爆发。正常与病态的差异并非绝对。

鲍文做的家庭治疗不是简单地将家庭成员们召集并坐在一起，只要开放并坦诚交流，家庭就能得到改善。其实不然，就像赛场上实力悬殊的选手之间，并不会有精彩的对决，也没有机会能够发现深层次问题。在家庭也是一样，成员坐在一起讨论，往往有强烈的情绪反应。情感一旦战胜理性，甚至会将治疗师拖入无分化的家庭自我混乱（undifferentiated family ego mass）的漩涡，治疗师维持客观与中立是很难做到的。

经过训练，治疗师要具有一种保持客观、关注过程而非内容的特殊能力。鲍文鼓励的是家庭成员与他说话，而不是成员间互相说话。当然，治疗师进行中立的观察很难，因为三角化是缓解两人紧张关系的好方法，家庭成员倾向于找人倾诉，有时候找其他家庭成员，有时候找外部人士。毕竟，三角是最小且稳定的团体关系，这是三角关系的第一个特征。但是，固化的三角，进一步降低了当事人自己去解决问题的能力，因为找人倾诉让人心情稍稍轻松，而且是获得同情共感，强化了自己的合法性。这种行为一旦例行化、常规化，会阻止问题的解决。最常见的是母亲向儿子唠叨父亲的不靠谱，合适的处理方法是儿子直接反馈给父亲，并希望父母自己去解决，不需要偏袒任何一方。当然，这不容易做到，因为未分化的小孩子陷入三角化之后，尝试通过"奉献"自己来维护家庭关系。三角关系的第二个特征是扩展性，或者说是重复性。关系压力没有解决，就会有各种三角关系产生。功能失调的家庭，每个人似乎都有自己的支持者，都有他人认同的合法性。如果孩子能够自我分化，意味着能够与父母双方发展个人关系，而不是致力于解决父母互相之间的关系。重要的是，自我分化是要求情绪没有融合。建议在家庭内部直接建立两两关系，直接沟通，而不是陷入三角关系。

弗洛伊德强调个体的独特性，而鲍文的理论是从最基本的人际关系系统——家庭开始的。他运用系统的观点，关注个体在家庭中的性质和角色以及家庭与社会网络的互动关系。家庭是一个情绪系统，家庭成员的互动方式以及由此构成的家庭模式与规则是患病的主要原因。家庭治疗的重点就是围绕症状找出家庭规则中的问题，并加以治疗和干预，从而促进症状的消失。

人类的行为受到两种力量的驱使。一方面是自主性，每个人都有独立人格，倾向于自由选择。另一方面是紧密感，希冀与他人建立亲密关系。如果能够平衡好这一对关系，那就是人生赢家。家庭系统理论有两个基本假设。第一，家庭成员之间过度的情感连接导致家庭功能失调，自我分化是家庭成员必要的成长目标。问题是家庭成员以情绪为主导，而不是以逻辑和理性，他们逐步丧失互助的能力。第二，家庭倾向于将一代没有解决的问题传给下一代，即代际传递。这个令人沮丧的提法，也增强了家庭建设的必要性。鲍文的家庭理论主要有以下八个核心理念。[①]

第一个概念是自我分化。由于过于依赖父母，情绪联接过高，精神病患者不是一个成熟的个体。如果能够逐渐分离形成自我定位，与他人产生明确边界，这就是自我分化。分化包括理智与情绪的分化、个体与他人的分化。较高自我分化的人具备情感与理性平衡的能力。鲍文尝试进行量表测量分化程度，发现大部分患者得分在25—30之间，远未达到及格的水平，属于低分化程度。值得一提的是，高自我分化并不是断绝人际联系。分化水平高的人，不管外界压力是否存在，他们都会保持彼此的联系，关心彼此并保持合作。分化水平低的个体更容易受外部压力的影响，一旦处于焦虑状态，个体之间便会退化为自私、攻击和回避，人际合作趋于瓦解。对未成年人来说尤为重要，低自我分化的人对自我需求并不是基于理性思考，而是基于父母的情绪。在分化程度高的家庭中，孩子的需求才会基于理性。

第二个概念是三角关系。三角关系是维持家庭情绪系统稳定的最小单位。第三人缓解父母之间的紧张关系。当核心家庭的第三人无法缓解焦虑时，就会有更多的人被牵扯进来，形成更多的三角关系。例如当母亲无法管教孩子时，就会寻求父亲的加入，父亲和孩子关系紧张程度到达顶点后又把母亲扯入。孩子也许会

---

① Roberta M G. The Eight Concepts of Bowen Theory[M]. Falls Church，VA：Leading Systems Press，2006.

把祖父母、外祖父母拉入，形成一个个新的三角关系。虽然三角关系不断变化，但并未解决核心问题。在家庭冲突中应该冷静观察，保持中立、不站边，让双方自己来解决问题，注重问题本身而非情绪。

第三个概念是核心家庭情绪体系。鲍文认为个体会选择和自己分化程度差不多的人结婚。个体分化水平低，对双方的情绪要求高。在婚姻关系的早期，核心家庭情绪系统往往处于相对的稳定。过一段时间，来自内部和外界的压力，可能会强化核心家庭的情绪过程，导致情绪系统中的一个或多个成员焦虑感上升，甚至产生临床症状。核心家庭情绪系统通常运用以下四种情绪模式来进行互动，分别是婚姻冲突、情感疏离、孩子的心理创伤以及夫妻一方身体或情绪功能障碍。

第四个概念是情感阻断。代际间的情绪紧密度越高，情感阻隔的可能性就越大。他们误认为只要保持距离，就能离开家庭情绪，情感阻断就是情感成熟，离开父母越远越好。只要没有自我分化，任何人都无法逃离强大的家庭放射性理论。那些自称情感阻断只是暂时的。即便看上去离开原生家庭，但是在自己的婚姻里仍然有情感的融合。所以越是试图情感阻隔的人，越是脆弱的人。可以这么说，那些越是强调要离家出走的人，内在的负面情绪连接越是会困扰他。

第五个概念是家庭投射过程。这是分化水平低的父母将其不成熟与缺乏分化的状态传给子女的过程。是如何传递的呢？夫妻一方会挑选那些乖巧的、容易被卷入三角关系的孩子。当母亲受到冷落且索爱失败之后，重心放在孩子身上，母亲的情绪让孩子感知并主动成为母亲的盟友。焦虑的情绪以及对家庭完整性的挣扎性关切，导致自己最终也像母亲一样低自我分化。

第六个概念是多代际传递过程。如果在某个原生家庭中显露出分化程度低，大致可以推断，在之前的数代人也有类似的情况。多代际传递的假设是指今天所观察到的家庭关系和上百年前的家庭关系是基本一致的。家庭情绪历程是多代传承的结果。也就是说在一代中表现出的家庭问题对于下一代有预测的作用。虽然我们试图对代际传递做出反抗，但如果不能发现家庭中反复出现的问题是什么，对症下药，这种代际传承的宿命就将依旧紧紧地依附。分化程度及家庭关系，会像是生物基因一样，一代代以模式的方式延续下去。

第七个概念是同胞排行位置。孩子会依据其在家中兄弟姐妹排行位置的不同发展出某种人格特质。比如，长子长女有较强的权威认同，对弟弟妹妹有较强的掌控力。幼子幼女倾向于认同自己处于被压迫的不利处境，所以有比较高的情商，创新能力突出。夫妻间的交互作用模式与其在原生家庭中的位置有关。丈夫在原生家庭是长兄，妻子是小妹，那么结合在一起可能越匹配，婚姻稳定性越高。

第八个概念是社会情绪过程。三角形存在于所有的关系网中。家庭中的情绪历程，也按照同样的过程在社会中上演。正如家庭中有未分化与个体化两种力量，社会也有团结和独立两种思潮。如果说家庭两种力量充满张力，那么社会也会因为人口上升、资源竞争激烈而产生张力，如高犯罪率导致了常见的社区焦虑。家庭成员要完成自我分化，社会也要将理性和情感适当分开，不能让情绪成为社会决策的主导。那么，社区焦虑不能将情绪化的观点，比如各种肤色歧视、种族歧视带入决策，这些歧视就是属于不愉快的社会情感过程。

三、家庭系统与家庭治疗师

说到家庭治疗，必须先理清家庭系统——谁是家人之后，才能一起参加基于系统论的治疗。"我"和这位家人的关系，会影响到整个系统的家庭功能。家庭的边界是在变化的，做家庭决策时是否要照顾到这个人的利益。是否将其当成家族成员，取决于决策的性质。当决定要给家族成员购买商业保险时，也许会考虑给配偶、子女以及子女配偶甚至第三代购买保险，因为他们都是"我"的家人。好处是否还会扩及自己的兄弟姐妹、妻子的兄弟姐妹？这是不容易回答的问题。甚至和配偶观点都不一样。谁在家庭系统之内，谁又在家庭系统之外？家庭系统是有弹性的范畴。家庭治疗，尤其是青少年的家庭治疗，涉及家庭的范畴会稍稍简单，那就是原生家庭。所谓原生家庭，是一对夫妻与其未成年的孩子组成的家庭。

曾奇峰曾经说过，每个个体都有人生舞台，就像人生三角形——"生"与"死"是两个点，决定舞台大小、三角形面积的还要看第三个点——父母。尤其是父母，决定了与生的距离、与死的距离，人生精彩程度的差异也就基本上来自父母。父母的基因、父母的关系、父母与自己的关系以及带领"我"探索世界的方式，影响了人格，影响了人生。当然，建立在弗洛伊德精神分析基础上的理论往往都缺少"自我"。人生舞台怎么可以没有"我"？仅仅是将父母或者父母赋予的童年当作核心要素，怎么解释丰富多彩的人生？弗洛伊德的"性驱力—焦虑—防卫机制"这样的动力系统，是一种童年决定论的机械模式。个人的意志、努力、勇气与坚韧，是最能体现自己的独特气质。如果父母与孩子的关系是一场灾难，自我仍然有机会直面两代关系导致的焦虑，直面两代关系的事实本身，让自己能够自由做出选择。家庭治疗师有时候也能参与进来，替代父母的角色，"修正父母的笔误"。治疗师是病人灵魂的助产士。①

家庭治疗师又称为系统治疗师，他们认为家庭并非独立存在的，家庭是与外部世界相联系的，有时边界模糊。新中国的人民公社时代，以前常见的以"合炊"为标准定义家庭也不再适合。每个成员都到公社吃饭，家庭里的谦让变成了家庭与家庭为了得到更多食物的竞争。人口政策对家庭结构有重要影响，"只生一个好"的计生政策导致了普遍的家庭小型化趋势，女儿接班，或没有子女愿意接班，在中国都显得常见。如今人口老龄化又促使

---

① 张鑫焱. 对曾奇峰"三角形理论"的反思 [J]. 知与行，2016（2）：137-143.

政策变迁，从放开双独家庭、单独家庭可以多生育，到放开二孩政策、三孩政策，甚至最近鼓励生育的措施，都对家庭的结构和功能产生影响。

家庭系统内部也有若干个子系统。子系统是家庭中的单个人、两个人或者多个人组成的家庭小集团。夫妻、亲子和同胞兄弟姐妹，都是常见的子系统。这些子系统也是动态的，比如亲子关系中的联盟，可以是父亲和儿子建立联盟，过会儿变成母亲和儿子建立同盟。我们常见到父母同时在家照顾孩子时，孩子不听话。但如果只有父母一方在家，孩子就温顺得多。这是因为孩子游刃于父母之间，可以随时选择自己的联盟对象，甚至在父母的不一致中获得更多的自由与好处，如果只有家长一方在家，他（她）就是孩子唯一依靠的对象。有一位企业家告诉我，他和兄弟姐妹现在仍然是在"同一口锅吃饭"。他们之间的黏性是来自小时候兄弟姐妹要团结起来对付邻居家的一帮淘气孩子。合的力量而非分的力量占据家庭主要文化。同胞们可以是一个子系统，也可以因为不同养育人成为若干个子系统。比如放开生育政策后的多子倾向，降低了年轻母亲的工作竞争力，两边老人要更多地参与到第三代的抚养，需要更多的市场化服务来支持，保姆或幼托机构更受欢迎，也导致每个孩子有不一样的实际养育者，有的是保姆带的，有的是爷爷奶奶带的，引入了不同的养育文化，还有的是两个孩子不养育在同一套房子里，因为三孩政策的放开，不少家庭两个孩子之间年龄差距不小，为了不让小的孩子去打扰大的孩子学习，采用了分开居住的生活方式。总的来说，原来的独生子女也有了同胞兄弟姐妹，既有互助，也有争宠，同胞排序还导致了不同的性格养成。子系统有的会反馈升级，也有的是反馈平衡。孩子多，容易找出有意愿和有能力接班的子女，这是创业家族人口规模扩大的升级力量；孩子多，争宠与内卷会加大，培养出不靠谱的"败家子"的机会也更大，家族竞争会因为个别败家子的行为让多数家族成员卷入争产的行动，这是创业家族人口规模不会增加太多的平衡理论。婚育限制放宽后，有的家庭会更多生育，孩子多意味着竞争资源，限制了培养水平，但是子女多终究有机会发现某个孩子脱颖而出，带领家庭奔向更好生活，这就是越穷越生，越生越穷，在经济水平和生育数量之间建立了正反馈；也有的则是越放开生育，越是少生，尤其是经济条件较好的家庭，因为养育孩子的机会成本上升，家庭更倾向于注重质量，生育一个到两个孩子。放开生育，对女性的劳动力市场更加不利，婚姻与养育的代价都很高，如果重视妻子的在职收入，这样的家庭生育人口不会太多增加。

　　家庭治疗师就是关注个体与个体之间的联系，考察家人之间的权力结构、连接模式、家庭分工，家庭里的每个部分都会对家庭整体产生影响。夫妻吵架、兄弟争宠、重男轻女、诸子均分、逃避赡养等词汇，都揭示了一个家庭的某些侧面。在一个家庭，重复出现这样的类似现象：父亲出差回来看到儿子在玩手机，马上劈头盖脸就开始骂将来没出息，电子产品毁掉人生；母亲马上也参与进来，不认可父亲的管教模式，反对大声斥责，认为会影响孩子的自尊心，进而唠叨丈夫整天不回家，不陪伴，不知道情况就评头论足还态度恶劣。有了母亲的撑腰，孩子开始顶嘴："没出息没出息，你做父亲的有什么出息，我就这样了。"结果，夫妻在吵架，父子在顶牛，父亲很生气，自己出去喝酒了；母亲骂骂咧咧，开始网购一些不需要的东西；儿子回房间继续玩手机、玩游戏，但是也不开心，想着离开家庭自己清净，原来用手机查资料完成功课的后续工作已经更不愿意持续下去。这个家庭的不良关系会进一步恶化，夫妻相见冷冰冰，父子俩更是相见如仇人，不想搭理。人才培养、经济功能、情感港湾这些家庭功能都消失了。这就是家庭系统，原因导致结果，结果又会成为下一个逻辑的开始，成为导致另外结果的一个原因。系统就是有着循环关系。看上去，这一切都是从孩子在玩手机开始。但是不完全是这样，是夫妻没有良好的家庭分工互相支持。父亲也缺少足够的合适的陪伴，从小没有高质量的引导和交流，少些恩情，少些合适的教育方法。尤其是对青春期孩子，看到拿着手机，就以为玩游戏；就算玩游戏，父亲就觉得儿子已经玩了一整天；就算玩了一整天，似乎就是这个孩子已经没有希望，失去未来。让孩子对父亲尊重，最合适的人不是父亲本人，而是母亲。让母亲在吃饭的时候，介绍丈夫的优点、为家庭做出的贡献，才是培养孩子尊重父亲的最佳途径。

第九章　精神障碍与家庭治疗

　　白手起家的张总功成名就，眼下正在为自己大女儿妞妞的精神状况发愁。张总第一段婚姻虽然短暂，但是前妻给他生育了一个可爱懂事的妞妞，一直陪伴身边。早年张总第一次创业失败，银行的钱还不上，兄弟姐妹的钱以及从岳父母那里借的钱也都欠着。最困难的时候，兜里只有五毛钱。贫贱夫妻百事哀，前妻丢下他和女儿妞妞一走了之，只剩下年轻的父亲和女儿相依为命。为了躲避债主，父女俩离开家乡外出谋生计。在异地他乡，上幼儿园的女儿乖巧懂事，小班开始就自己上学和放学回家。在小弄堂出租屋的小房间里总是哄着爸爸开心，欢声笑语时不时让烦恼中的爸爸心都融化了。

　　当时的小张一天打三份工，凌晨四点去海鲜批发市场进货，在八点前卖掉；然后八点半去工厂打工，晚上五点半下班后，给女儿做饭，即便晚餐常常只有一碗面条，但也不忘给女儿加一个荷包蛋。第三份工是晚上七点再去另一家工厂当电工，一直到晚上 11 点。孩子是父亲的精神支柱，父亲是孩子唯一的依靠。女儿懂事，早上自己起床，微波炉热饭然后自己去上学，放学自己回家。在20世纪90年代私立的外地农民工幼儿园，这样的孩子不少见。工业化和城市化过程中，一直能够在父母旁边生活的农民工子弟还是少数。每年暑假寒假，"小候鸟"三两个成群搭乘十几个小时甚至几十个小时的绿皮火车来到大城市与父母相聚，那是孩子们最幸福的时刻。而开学前，虽然穿上了新的衣服、背上鼓囊囊的行装，但是离开父母回到家乡农村与爷爷奶奶一起度过一个新的学期，站台上火车窗户内外的两代人是一场落寞和悲伤的别离。

懂事的女儿喜欢在城市里陪着父亲，最快乐的时刻是陪着父亲一起吃晚饭。但有一次小张因为工厂突发事故而加班，没能及时回来做饭，掐着点又得赶去新的工厂做晚班的电工。女儿恰巧那次丢了钥匙，躲在门口木质楼梯下，看着下起了雨，看着天慢慢变黑，在饥饿与寒冷中逐渐睡着，直到父亲晚上11点多回家，抱起睡眼惺忪的女儿问为什么不给自己打电话。女儿抱紧父亲的脖子，说"知道爸爸有工作要赚钱，不能影响爸爸上班"。女儿也坚信父亲的辛苦是为了自己，为了更好的生活。

后来，小张再次创业，生意越做越大，还清所有欠款，在他乡站稳脚跟，也开始了一段新的感情。但此时，张爸爸与青春期的妞妞关系恶化，时不时地着急上火。刚上中学的妞妞孤僻叛逆，上课恣意讲话挑战老师权威，自尊心极强，自视甚高，住校与同学不能和睦相处，嫉妒其他孩子寝室床铺邋里邋遢什么也不会干只会撒娇，只能等周末父母来整理。再到后来，妞妞成了问题少女，在学校抽烟，偷跑出去上网打游戏，据说还在网恋，还拉帮结派打骂其他中学女生。这与张爸自己心目中的乖巧女儿截然相反。张爸爸经常出差，总想周末找个时间与孩子好好沟通，学校也在暗示姐姐很多行为似乎超过了青春期孩子的叛逆表现。直到一次凌晨，张爸爸几乎找遍全县城的网吧才把女儿找到，在推搡中打了姐姐一个耳光，连拖带捆地抓回家里关在房中，凄厉的哭喊响遍整个小区。

一、治疗患者还是治疗系统里的关系？

初看，姐姐的叛逆、孤僻和歇斯底里，影响了张氏家庭的生活，其实是家庭生活导致了姐姐的心理不健康。所谓的医学性家庭治疗（medical family therapy）是综合运用"生物学—心理学—社会学"的框架，治疗儿童疾病、慢性疾病以及其他没有明确器质性病因的身体症状。家庭治疗的探索是经历多个阶段，从一元论就事论事、二元论隐性互动到三元论结盟与反抗关系。

早期的治疗建立在一元论基础上，就事论事，就症状提供精神性药物的处方或者相应的治疗方法，比如治疗一位有较严重洁癖的女士，医生可能是使用满灌疗法治疗这种强迫性神经官能症，让其亲属给闭眼的患者手上涂液体，号称涂满了水、墨汁、牛奶、蜂蜜、色拉油等，并要求患者尽量不要睁开眼睛，等到最终难以忍受时再睁眼会发现，其实手并没有弄脏或者没有想象中的那么脏，让这位女士明白"脏"其实是一种心理意念，医生和女士的亲属要鼓励她不要动辄去洗手。

后来的治疗是建立在二元论甚至三元论的基础上。心理医生是家庭心理学家，有社会学的知识背景，可能会发现那名洁癖的女士是将不断洗手、不断擦洗家里的每一样物件、要求丈夫和孩子不断洗澡，当作一种被动性反抗，抗击着丈夫对自己所实施的控制。这就是从一元治疗升级为二元治疗。唯有要求丈夫改变行为方式，减轻对妻子的控制，才会让妻子慢慢地从洁癖中缓解，不再要求自己和其他人以讲卫生为名过分地做清洁工作。也许不能仅要求先生放弃控制太太，还要求先生改变对孩子的方式。所谓的三元家庭治理，就是构建家庭的夫妻、父母与孩子、孩子之间的关系。也许，妻子之所以反抗丈夫，是因为她认为家里存在丈夫这个控制者，逼迫她和孩子建立了紧密的联盟，反抗那个"施暴者"。因此，非常有必要让妻子意识到让孩子卷入夫妻关系的危害。

有的是父母拉拢孩子卷入夫妻的权力斗争，也有的是孩子主动要涉入父母关系和情感生活。"自我归因"是天底下孩子的常见心理，他们认为自己要为家庭的完整与父母和睦承担责任，而且是主要责任。父母争吵是因为自己表现不好，如果温顺听话，父母就少了争吵。自己的存在，也被理解为导致父母关系冲突的原因。因此，孩子主动干预，试图平息父母争端，久而久之反倒成了父母的"父母"，是调和者与仲裁人。结果，做父母的从孩子身上找到了父爱或者母爱，进一步退化为孩子，成为情绪的奴隶。这也许是很多家庭大人不像大人、小孩不像小孩的原因。

在 20 世纪 50 年代之前，家庭成员尤其是青少年出现心理问题，往往是对患者个体进行治疗，包括精神药物、胰岛素休克疗法、电击疗法。所谓电击疗法就是通过短暂且适量的电流刺激大脑，引起全身抽搐和意识丧失，达到控制精神疾病症状的医疗效果。

"谁生病，谁吃药"，似乎是理所当然的。诸如网瘾、毒瘾的青少年是否可以被父母带去强制接受这种痛苦的治疗？2009年 5 月，《中国青年报》曝光了山东临沂第四人民医院网络成瘾戒治中心杨永信医生的电击疗法，摧毁患者的自信心和抵抗能力，让患者产生恐惧感，戒除包括所谓网瘾在内的各种"不听话"。父母选择由医生采用捆绑、限制自由和电击的方式，损害记忆与认知功能，以治疗的希望来替代家长的失落与无力感，试图解决失败的家庭教育问题。

"谁生病，谁吃药"似乎要修改为"谁生病，全家吃药"。弗洛伊德开创的精神分析学总体上是支持对患者个体进行治疗，但也透露出家庭、家属对患者的影响。以系统论为基础的家庭心理学在二战之后的美国婴儿潮时代快速发展。数百万美国士兵回国，很多家庭早先是简单的母子关系，现在回到正常的家庭模式，出现了短暂的家庭生活挑战，战争机器的减速甚至是停顿，又导致经济不景气和失业问题，数千万的美国新出生人口在之后十多年里诞生，汽车进入寻常家庭，改变了生活模式，美国家庭里的紧张人际关系、婚外情、离婚率、家庭暴力都是前所未有的挑战。

青少年患者背后是这个家庭特殊的家庭结构、家庭规则以及家庭成员之间的沟通模式、互动关系。理论生物学家路德维希·冯·贝塔朗菲（Ludwig Von Bertalanffy）提出的一般系统理论对整个20世纪都有深远影响。

二、心理健康的三个维度

根据世界卫生组织（WHO）的定义，人的健康不仅仅是指身体没有病痛，还有心理上的健康，以及良好的社会适应力。根据思维和行为特征区分，就像光谱一样，很多人属于心理正常的一端，也有不少人属于心理不正常的一端。心理正常包括心理健康与心理不健康，那些心理不协调的也是心理不健康的表现，比如在欢快的氛围下流眼泪，但这还是属于心理正常的；心理不正常则包括精神障碍、变态人格，如图9-1所示。

判断心理健康的三个原则包括：（1）主观和客观世界的统一原则；（2）心理活动的内在协调性原则；（3）人格的相对稳定性原则。第一个原则要求主观和客观的统一，没有幻觉和妄想。精神分裂者往往觉得自己是被议论、被加害。第二个原则是内在协调性，是知、情、意、行的一致性，内心与环境是一致的，该笑的场合笑，该哭的场合哭。第三个原则是人格的相对稳定性，如人前人后的相对稳定，不同时期的相对稳定，如果外向的人突然沉默寡言，此类的性情大变可能是抑郁症的表现。

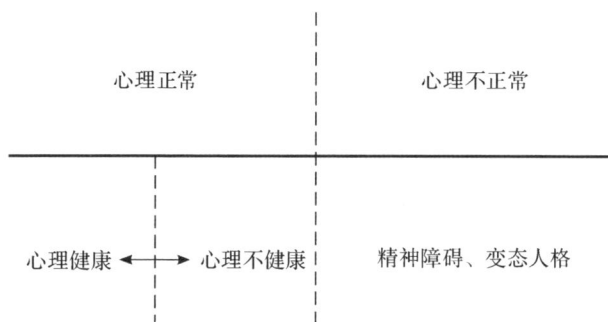

心理正常 心理不正常

心理健康 ←——→ 心理不健康 精神障碍、变态人格

图 9-1 心理状况光谱

　　如果出现心理正常范围内的心理不健康，自己也应具备一些应对技巧。第一种是认知重建，必须重新建立认识，比如应对考前紧张，需要重新建立对考试的认识和态度。比如等分数时紧张并且坐立不安，需要明确紧张和成绩没有关系，紧张不影响任何成绩，情绪并不是事实本身。第二种是标签提醒，给某种心理想法贴标签。对于负面情绪，及时"觉察"及时贴上标签，如"正在焦虑""正在愤怒""正在自责"，能够帮助自己从情绪中跳出来，不会长期处于消极想法。第三种是要转移注意力，做点其他事情。当然，重要的是做出辨识。意识到紧张的想法没有用，比如要去参加竞争激烈的面试，如果沉浸在 50 个面试者只有 5 个入围名额的成功率上，会导致严重的心理不适。其实，入围的比例大小、竞争激烈程度对自己面试表现好坏没有任何影响。应试者所努力的目标应该是面试表现。很多看似所谓的真实数据，反而增加压力。另外，也很重要的是思考长远。从未来看回到现

在，会发现眼下的紧张并不值得。

任何健康的心理在遇到冲突、压力、挫折和失败时，都可能会产生心理问题，我们可以感受到心理困扰、心理不适及情绪波动。多数情况下，需要像前文所述的应对技巧，或者得到心理咨询师的帮助，也可以换个环境，都能够实现缓解，重新恢复心理健康。但是也有的会恶化到神经症性心理问题，如心境类障碍（像抑郁症），也有的则是焦虑障碍，这些症状的出现是需要一些药物的治疗，但不得不说的是，有的会更严重，表现为神经病性心理问题，不仅仅需要药物和医生帮助，可能还要住院治疗。

三、精神障碍与变态人格

北京大学第六医院社会精神病学与行为医学研究室主任、中国残疾人联合会副主席黄悦勤教授等学者进行了中国精神卫生调查，样本来自全国 31 个省区市的 157 个县区的 3 万余人。[1] 按照流行病学的分类，除了阿尔茨海默症，剩下的所谓的精神疾病，其实都叫精神障碍（disorder），典型的包括心境障碍、焦虑障碍、酒精或药物使用障碍、进食障碍、冲动控制障碍、精神分裂症等六种类型障碍。数据显示，这六种精神障碍在某一特定的年份发生其中任何一种的概率，即每个人的年患病率是 9.32%。统

---

[1] Huang Y, Wang Y, Wang H, et al. Prevalence of Mental Disorders in China: A Cross-sectional Epidemiological Study[J]. The Lancet Psychiatry, 2019, 6（6）: 467-468.

计时，从 1 月 1 日到 12 月 31 日，不管有没有治疗好，只要在这期间的某一天发生了这六种当中的一种，就叫作年患病率。而终生患病率数据为 16.57%。六分之一的人一辈子一定会碰到这六种当中的一种。这个数据，再加上中国非常高的一个人口基数，可以想象到心理不健康的严重程度。目前，正式登记注册的患者超过 600 万人，这只是正式登记的精神障碍患者，还有非常多人不是那么严重或者已经很严重但没有就医。上述研究还显示，焦虑障碍患病率最高，其次为心境障碍，酒精或药物使用障碍位列第三。

焦虑障碍作为常见的精神障碍，以一种焦虑情绪体验为主要特征，无明确客体对象，仅仅是紧张担心和坐立不安，因为过度的害怕与紧张，往往还伴随行为紊乱、出汗、心悸、失眠、尿频等。从小挫折教育较少、不合理地追求所谓完美、要求达到不切实际的目标等原因跟焦虑症有关。

抑郁症是心境障碍的最常见形式，它的反面不是开心，而是活力。中高度抑郁症患者反复想死，全身被黑色笼罩，死亡对他们具有诱惑力。他们失去了生活乐趣，没有任何酸甜苦辣的味道，没有欢笑也没有流泪，没有情感互动和感染，生活和工作都无价值感，这种状态影响到身体，连走路、伸出胳膊、起床都费劲。如果出现了以下八种情形中的五种，就要警惕是否有抑郁症了，它们是心情糟糕、兴趣丧失、无精打采、思考迟缓、胃口改变（可能增加也可能减少胃口）、负罪感和自责感、抵制社交、有死亡或者自杀想法。

自杀倾向的人在实施自杀行为之前，是有可以被观察到的征兆的。在语言方面，比如直接谈死亡，以绘画、文字、计划、信件表达出死亡倾向，这是显性的求救信号。也有一些间接谈死亡的情绪，比如对自己失望、绝望，希望所有事情马上结束。在行为上，也有一些行为发生改变的痕迹，比如内向的人突然变得外向，外向的人突然变内向，甚至打扮都发生明显变化；还有的是欲望与兴趣的变动，还有的是情绪反常与情绪的崩溃。如果无故送出东西，将一直养的宠物、自己非常珍贵的东西赠给别人，应该都是求救的信号。[1]

上述的焦虑障碍和心境障碍其实并不算严重，虽然抑郁症的自杀倾向较高。在心理科医生看来，心理疾病按照严重程度有三个层次，最轻的为神经症，包括抑郁症、强迫症、社交焦虑症等；中度的是各种类型的人格失调与人格障碍；重度的是精神病，如躁郁、精神分裂等。

精神分裂也是多见的精神障碍，患者具有特征性的感知觉、思维、行为的不协调，突出的感知觉障碍是幻觉，虽没有现实刺激作用于感官，但有知觉体验。思维联想的连贯性、逻辑性存在障碍，常见的思维内容障碍是妄想，将不真实的事情理解为真实，比如迫害妄想、夸大、自己觉得有罪、疑病、嫉妒。他们情感冷漠，情感反应不协调，对工作和学习缺乏积极性和主动性，

---

[1] 林昆辉. 自杀防治的理论与技术 [M]. 台北：天马文化事业有限公司，2008.

也存在认知功能障碍，也有不合常规的大笑、公众场所没理由地脱衣服等行为紊乱。精神分裂者的对立面是心灵处在爱的状态的人。

上述精神障碍之外，还有一种更为严重的变态人格。15 岁以上的患者，如果不尊重或侵犯他人权利，背后可能就有反社会人格障碍的要素。一般来说，变态人格表现出的共性是无法适应社会准则、缺乏责任感、说谎、对他人境遇漠不关心、行事不计后果，做事毫无计划，易怒、富有侵略性。这些心理变态者还冷静得出奇，非常有魅力，能够在心理上操控他人。

临床医生发展了关于心理变态的重要量表，即 PCL-R 心理变态测评量表，其设计者是罗伯特·海尔（Robert Hare），因此又称海尔量表。心理变态测评量表由 20 题组成，每题 0—2 分（0 表示不符合，1 表示有点符合，2 表示绝对适用），如果在美国测试得到 30 分以上就判定为患病，英国则是相对较低的 25 分线标准。这些题项分别是：（1）看起来有魅力，表达能力强、口齿清晰、有社交技巧；（2）看上去自信，觉得比别人聪明，有一种优越感；（3）无聊，有焦躁情绪，需要尝试刺激与新鲜感；（4）谎话，有意识无意识地说谎，或编光环或把自己塑造成受害者；（5）能操控别人；（6）不会感到愧疚；（7）情感接收范围有限，只对有限人群比如母亲、宠物有感情链接，其他人则不在感情接收的范围之内；（8）冷漠，同情共感能力不强，对他人感受无知；（9）依赖他人的钱财与帮助生活；（10）易怒烦躁，表现得有侵略性；（11）性关系混乱；（12）青少年阶段就曾经有过不良行为；（13）没有方向和目标，就算有所谓的目标也是不切实际；（14）冲动，不计后果；（15）没有责任感，不履行之前做出的承诺；（16）习惯性找借口，不正视自己的行为；（17）有过短暂婚姻；（18）未成年时就有犯罪记录；（19）有入狱被取消假释资格的经历；（20）以逃脱法律制裁为荣。

根据上述的题项，可以勾勒出心理变态者的本质特征是缺乏同情心。[①]他们情绪波澜不惊，对他人无感，没有爱与被爱。他们擅长说谎，即便被揭穿时也是表现极为冷静，有些看似外向开朗，但终究显现出冷漠、高傲与疏离，对各种冲动行为没有悔意。心理变态者有时候伪装成悔意以及关心他人，但大脑被核磁共振扫描会暴露其真相。人类的前额皮质的腹侧先于背侧发育，即先有负责情感的大脑发育，然后才是控制思想与认知的大脑发育。心理变态者的前额皮质背侧极为发达，而腹侧负责情感的部分有缺陷，可能是发育不良，也可能是早期永久性损伤，源于围产期孕妇压力、滥用药物、直接创伤。有些人天然拥有高危基因即被称为"天生变态狂"，或者称为无畏的战士。[②]携带战士基因并且被严重虐待的人，有85%的概率成为反社会者。伦敦国王学院团队对新西兰出生于1972年的1000个样本的跟踪研究发现，

[①] 英文 empathy 这个词在发展心理学领域被翻译为移情，但是同样属于心理学，在临床心理学领域，却被翻译为共情、通情、同感、同理心、设身处地等。在伦理学领域，罗卫东教授翻译亚当·斯密的《道德情操论》，用了同情共感。

[②] 詹姆斯·法隆. 天生变态狂 [M]. 瞿名晏，译. 北京：群言出版社，2016.

虐待对反社会行为的增强在携带战士基因的男性身上尤为明显。[①]

四、"失去理智"的生理基础

对大脑的研究有助于解释很多非理性的行为。核磁共振是通过正电子放射断层造影术完成研究。它的优势是能检测包在骨骼内的器官，如大脑；另外，这种方法实现了功能性造影而不仅仅是物理构造。整个过程核心是采用了氟元素的同位素氟–18，搭载于葡萄糖上，通过静脉注射，因为葡萄糖能被活跃的脑细胞吸收，1个小时内持续释放正电子，进而显示出脑部功能。患者躺在轮床上，将正子扫描仪包围头部。氟–18的半衰期是半小时，正电子与电子碰撞，释放出能量，被仪器线圈检测到：颜色越深，表示这部分脑区域活跃程度越高。

大脑皮质是覆盖于大脑半球上的一层灰质，因为脑表面沟回起伏，皮质面积总量超过想象，虽说总质量600克，但总面积达到2200平方厘米，其平均厚度2.5毫米，有极为复杂的神经元和神经纤维。前额皮质的背侧处理"冷的认知"，强调计划和理性。前额皮质的腹侧（包括额眶部皮质、腹正中前额皮质）则是处理"热的认知"，保证人类的同情心、感情以及伦理道德。"冷的认知"和"热的认知"缺一不可。前者帮助我们理解别人在说什么，明白他们在做什么。而后者是对别人的感受产生同理心。

① Poulton R，Caspi A，Milne B，et al. Association Between Children's Experience of Socioeconomic Disadvantage and Adult Health：A life-course Study[J]. Lancet，2002，360（9346）：1640-1645.

那些心理变态者的特点是同情心不足但行事周密，意味着"冷的认知"异常发达，但"热的认知"有缺陷。

为什么有人会愤怒得失去理智？并不是其大脑中没有理智，而是大脑中负责理智的部分缺乏神经递质（比如血清素）的帮助，信号不能传递并切换掉原来疯狂的情绪，大脑中额叶部位和杏仁核部位之间的信号联系就会减少。杏仁核部位与愤怒情绪有关，而额叶部位发出的信号可以帮助控制这种愤怒。因此，在缺少作为"信使"的血清素时，"理智"的额叶就难以控制"愤怒"的杏仁核。因此，通过核磁共振可以观察到：压力刺激了杏仁核，大脑神经元释放血清素，阻断怒火。但是有的人脑功能低下，不能释放血清素，怒火就不易被阻断。

血清素是如何制造出来的？最重要的氨基酸类神经递质是谷氨酸与伽马氨基丁酸（GABA）。谷氨酸是兴奋剂，刺激并点燃其他神经细胞，将信号传给更多的神经细胞。而伽马氨基丁酸则是抑制剂，防止神经细胞过于兴奋不停地放电，起到缓解焦虑易怒的作用，否则大脑就癫狂。生物原胺类神经递质包括多巴胺（dopamine）与血清素（5-羟色胺），都是属于单胺类物质。多巴胺能够让人兴奋，所以我们鼓励多运动，运动产生多巴胺，多巴胺让人幸福和开心。血清素产生镇静和改善睡眠，增加幸福感。在血清素和多巴胺背后还有一种酶，这种酶叫作单胺氧化酶（MAOA），能够分解血清素。所以，抗抑郁药物，如百忧解，就是属于选择性血清再吸收抑制剂（SSRI），其药理是抑制单胺氧化酶，不让太多的酶去分解掉血清素，所谓的抑制剂就是抑制神经突触细胞对神经递质血清素的再吸收，以增加细胞外可以和突触后受体结合的血清素水平。

除了血清素，多巴胺也有缓解抑郁症的作用。如果坐在沙发上，感觉口渴，那就起来倒杯水。在大脑层面需要点开"去做"的开关，关闭"别做"通道，这种递质就是多巴胺。如果多巴胺不足，就是丧失了起来倒水的能力。因为，虽然我们有起来的意愿（来自前额叶皮质）、有起来的计划（来自运动前区皮质），也有站起来的指令信号（来自运动皮质），但没有多巴胺来激活"去做"的通道，关上"别做"的通道，还是不能起来倒水。抑郁症显然不具备这种"去做"的能力。所以，促进多巴胺传递的药物就能缓解抑郁症。但是，多巴胺过多可能导致精神分裂。多巴胺是油门，决定行为的速度和力度。心理变态者就有过多的多巴胺，带来对奖赏的不断渴望。多巴胺作为一种与兴奋情绪有关的神经递质，有的基因能够促进多巴胺的传递，心理变态者有成瘾行为，需要不断地通过药物、暴力、性刺激带给自己奖赏。

大脑的杏仁核产生恐惧、焦虑或者愉悦感，额眶部及腹内侧皮质，负责抑制冲动，产生同情心、同理心和道德伦理有关行为。两种互动，刺激那些能够产生血清素和多巴胺的细胞。同时，让背侧前额皮质进行清醒思考，决定哪个部分继续工作另一个则是停止。自我（背侧前额皮质）权衡了本我（杏仁核）和超我（额眶部及腹正中皮质）之间的冲突。那些极端如心理变态者，本我和超我都是功能不足的。

五、成长环境与人格健全理论

多数情况下，外部的应激是精神障碍的诱因，移除特定环境，心理问题会得到缓解，但有的人心理健康状况总是很脆弱。他们的精神障碍可能伴随其一生，因为原生家庭、成长环境、人的基因导致人格不健全，导致了精神方面的脆弱性。人格障碍本身就属于一种精神障碍。所谓人格是个体所拥有的稳定行为方式和心理过程。这种稳定的行为方式可能是不正常的或者是反社会人格的。如果形成一种稳定性，很难后续进行纠偏。人格不健全一直从青春期延续到成年。不能忽视成长环境和人格健全，它们会影响成年后的心理状况。人格理论得到了弗洛伊德、埃里克森、荣格以及马斯洛等学者的发展。

弗洛伊德特别强调潜意识所构成的人格要素。很多没有被自己所认知的性格，也就是未知部分，可能对人的行为影响会更大。有些心理医生对潜意识的研究是通过 HTP 检测完成的。H 就是 house，T 就是 tree，P 就是 person，就是房子、树和人，让应试者做一个同时包括这三类要素的画像。那些父母在外打工的孩子，他们画房子、画树、画人，很少出现他们的父亲或者母亲，他可能会画自己，这是典型的由家庭缺失导致的。也有的人画 HTP，结果仅仅是画了房子和树而没有画人，那么心理学认为他可能具有比较危险的自杀倾向，被试者相信人是不存在的，或者说没有意义和价值。在他所设想的场景当中，人与自然的场景中人是可有可无的。本我就是动物本性的一种欲望、一种追求，是生物内在的驱动力，超我就是社会价值和社会规范认为应该承担的角色，自我是在动物性和社会性两者中间做协调统一。自我有时候会感觉到紧迫感，可能是本我有强烈的驱动，有时候是超我强烈的驱动。

埃里克森的人格理论围绕着同一性危机展开，即自我认同问题：我是谁？未来在哪里？关于同一性危机一般会出现在几个不同阶段，分别是出生到 1 岁半，1 岁半到 3 岁，3 岁到 6 岁，6 岁到青春期，青春期，以及成年的早期和中期。在出生之后的一段时间，亲子关系阶段强烈地依赖父母，那么父母尤其是母亲是否值得依赖？自己是否值得父母的喜爱？如果度过了这个阶段，会具备自尊和自信伴随到成年，但如果没度过这个阶段，则是不能充分信任他人。第二个阶段是"放下我"，既想着自己去探索，也担心探索失败以及带来的羞愧感。如果渡过危机，就有了探索的成就感，不能渡过危机则是长期缺乏独立性，对自己表示怀疑。

儿童期、少年期、青春期及成人期，也是面临着各自不同阶段的同一性问题，见表 9-1。儿童期面临自我中心式的向外拓展以及新想法可能失败导致的内疚之间的同一性，少年期是勤奋胜任对"我做不到"之间的同一性，青春期面临多身份于一身与角色混乱冲突的同一性，青年期面临亲密与孤独的同一性，中年则面临生命力衰退与贡献停滞之间的同一性。

表 9-1 不同年龄阶段的同一性危机

年龄	同一性危机	如果度过危机	如果应对失败
出生到 1 岁半	信任还是不信任	获得自信和自尊	对他人害怕和担忧
1 岁半到 3 岁	探索与羞愧	探索获得鼓励，有自我满足	自我怀疑，缺乏独立性
3 岁到 6 岁	自主与内疚	探索出某些方式	对行动和思想感到内疚
6 岁到青春期	勤奋对自卑	有能力胜任意识	感到自卑，没有控制感
青春期	同一性与角色混乱	自我独特性，对需要遵循的角色有明确认知	不能识别自己某些角色
成年早期	亲密对孤独	性爱关系和友谊	因不能建立人际关系而恐惧
成年中期	再生力与停滞	对生命延续的贡献感	碌碌无为感

　　荣格的人格理论关注集体无意识，就是人与人之间共同的反应。人类总体上都普遍地具有对外界做出类似反应的特征，就像生物基因一样。母亲爱孩子，孩子对母亲情有独钟，这些都是刻板印象与基本雷同的模式。在第五章关于荣格的介绍那里，我们称呼男人心里有一个女人叫阿尼玛；女人心中住着一个男人叫阿尼姆斯。阿尼玛是该男子成长过程中对他有重要影响的女性综合体，比如妈妈、奶奶。阿尼玛是男人与无意识之间的桥梁。而他会遵循阿尼玛的原则，按照这个原则寻找伴侣。阿尼玛的负面作用不可忽视，男人如果没有找到意中人后就仓促结婚，男人、太太以及男人心中的阿尼玛之间，就有了神奇的三角关系。看自己

真实的配偶一百个不满意，和自己心中的阿尼玛不一致，加剧夫妻冲突。关键是男性一般否认有这一位阿尼玛的存在。只有承认有阿尼玛的存在，才能正视与真实太太的关系，正视自己的需求，不是受主观驱动。同样的，阿尼姆斯是女性与其无意识之间的桥梁，女性根据阿尼姆斯去找对象。

人本主义人格理论强调无条件的爱塑造适应能力。弗洛伊德强调人是受到本能和潜意识控制；行为主义强调人只是对外部环境的刺激做出反应。作为第三方势力的人本主义突出了人的自由意志和价值感驱动，即便是对外部环境做出反应，也是主动为之。代表性的有马斯洛，人类需求具有层次性，在满足生理与安全的基本需要外，还有爱、尊重、成就、自我实现的内驱力。如果说精神分析对人性是悲观的认识，而人本主义则是对人性有坚定的乐观。卡尔·罗杰斯说过，看世界时他是悲观主义，但是在审视人类时，是乐观主义。只要获得了无条件的爱，人就可以成为最具有适应性的生物，能够充分发挥功能。人的自我实现功能，发挥自身潜能，创造自我，增进自我，是需要适当条件的，就是处于真诚、无条件接纳和具有同理心的环境中。人本主义强调人的责任和不断成长，关注到"此时此地"发挥能动性的环境，而不是将任何事情归因于以往的家庭或者社会导致的创伤。

六、中国式家庭与孩子的精神障碍

什么样家庭的孩子最容易出问题？香港大学家庭研究院李维

榕教授指出，如果同时满足以下四个条件的家庭就很危险，第一，孩子是父母的心肝宝贝，背负无限的期待；第二，夫妻双方矛盾重重；第三，夫妻双方都已经对对方不再抱有期待，将重点放到孩子身上；第四，特别重要的是，孩子认为自己是父母亲之间沟通的唯一桥梁，孩子忠心耿耿地保护着家庭的完整。

批评式教育与动辄将不同孩子拿来比较，是导致子女陷入自杀危机的家长最常犯的错误。孩子处在严格的成长环境中，大事小事都在家长的控制范围之内，"阴阳怪气"的语言拥有很强的杀伤力，攀比性很强，"别人家的孩子"神一般的存在，总让孩子尴尬。齐凯教授等学者在安徽芜湖针对 4000 多名在校大学生的研究发现，大学生自杀行为与家庭因素密切相关，高学历且职业相对稳定者、年收入较高、有继父母且为家庭主要照顾者，他们的子女更易发生自杀行为。[①] 众多职业中，父亲为教师、医务工作者、公务员三类职业的学生发生自杀的概率最高。控制性剥夺孩子的生命价值感，忽视了让孩子找寻他们自己的独立生命个体存在的意义。北京大学徐凯文教授的相关研究和演讲也多次提到了这三种职业家长对知识要求较高，影响到了对待孩子的教育方式。

青春期必然叛逆。但是中国文化里，乖孩子才是好孩子。在心理学看来，乖孩子听父母的话，听老师的话，不是为自己活，

---

① 齐凯，王俊，鲁玮，等 . 大学生自杀相关行为与不同家庭因素之间的关系研究 [J]. 皖南医学院学报，2017（5）：493-496.

是缺乏动力的孩子。青春期是辞旧又迎新：辞旧，是脱离父母的管教，避免成为父母的复制品，去完成父母当年都实现不了的理想；迎新，是一个全新不同于父母的新生命和新路径。父母控制欲望越强，孩子的反叛越严重，辞旧与迎新的难度越大，要更大的叛逆能量。

青春期如果不叛逆，那往往会推迟到成人再叛逆；如果不叛逆，那是缺乏激情，缺乏这个年龄阶段要有的生命力。所以心理学家说，孩子叛逆，做父母的起码不用担心会自杀。抑郁症失去活力，是因为不再向外释放愤怒，而是指向了自己。尤其需要注意的是，20岁大学生活是首次精神疾病高发期。因为这时候他们会独立面对应激源，比如自主学习、开始恋爱，还有更复杂的人际关系。

如果父母该出现的时候出现，不该出现的时候不出现，也就是所谓的"时在、时不在"，父母放松了控制，孩子的叛逆会降低。

不得不说的是，家庭治疗是心理治疗的一种方式，并不是所有的心理疾病都是家庭功能的问题，唯有探索家庭在患者患病的机制上确实存在明显的因果关系，才是家庭治疗的意义。此时，家庭、家族及更大的社会做出适当的变化，才能有助于患者的康复。敏锐的医生需要具备能力发现患者的发病、康复以及后来的复发与其他家庭成员的联系，才能进行家庭治疗。家庭治疗是对弗洛伊德精神分析治疗的一种扬弃。精神分析学声称个人症状与童年期创伤有关，父母有很大责任，这无疑是家庭治疗研究的开端，不过精神分析强调过去的经历和创伤，而家庭治疗重在关注此时此地的关系。

正如本章开篇的案例，张总给妞妞更好的生活条件的同时，经他人撮合有了第二段感情，还有了第二个孩子。这个事件对妞妞的叛逆有重要的背景意义，再婚与小儿子的出生不是简单地增加了两个家庭成员，而是家庭相互关系发生了重要的变化，原本父女相依为命、互相支持的模式不再成为主轴，父亲会分出很多的爱给新的妻子，从而产生了妞妞期待巩固父女联结对抗外来成年女性的朴素愿望，新的母亲和妞妞同父异母的弟弟也会因为血缘纽带，争取丈夫的支持，意味着妞妞将失去对父亲垄断性的爱。尤其是父亲，对妞妞产生双重捆绑的错误信息。贝特森（Gregory Bateson）等学者在1956年发表的文章里提出了"双重捆绑"的概念。某个家庭成员患上类似于精神分裂的疾病，可能是跟他的某个成年家长不断地给他持续性但是互相矛盾的冲突性命令有关。父亲给孩子发送要进一步接近的邀请时，马上又发送了一个拒绝的命令，此时孩子就被迫在两个矛盾的信息中做出确定性回答，孩子们做不到像哲学家那样能够在阴阳合一的境界上做出整合，孩子是需要知道明天要么下雨、要么不下雨进而要不要带雨伞这样的直接回答，需要直观地知道父亲是否爱自己。惊慌愤怒，让自己很难与父亲沟通，很难与其他人建立联系，他对外部任何人提供的信息都表示难以理解，从而退缩到关系世界之外，生活在自己的世界。后期有学者否认精神分裂与双重捆绑之间的必然联系，很多家庭时不时出现双重捆绑的现象，但是并没有看到这些家庭都出现了精神分裂的孩子。不过学者们都赞同，精神分裂是家庭沟通系统失败的一种结果。学者们已经从个体心理学转向家庭心理学的家庭系统找原因。姐姐的最大问题，就是信息的矛盾。一直以来，父亲跟自己相依为命，自己是父亲的一切，但是随着父亲建立新一轮的关系，有了同父异母的弟弟，这时候姐姐被给予了一个矛盾信息。如果父亲没有及时处理好这个问题，会让姐姐突然感觉自己成为家庭的多余之人，被父亲出卖。抛弃你的人口口声声说是爱你，这是产生分裂的原因所在。

在姐姐的认知世界里，她和她的父亲是一个家庭系统。但是随着父亲有了第二次婚姻还有了弟弟，冲击了父女俩构成的家庭世界。如果姐姐进行了正向反馈，意味着接受这个事实并调整和父亲的距离，而负向反馈则是不认可父亲再婚的事实，更不能接受弟弟来干扰自己对父亲的霸占。显然，姐姐选择了负向反馈的方式，以各种疯狂的行为"折腾"父亲，"折腾"大家庭，破坏父亲与继母的关系，希望最终回到父亲和自己两人的家庭系统。

终　章　我们坚信能够过上幸福生活

莫顿·班纳德森教授等 2007 年发表在著名《经济学季刊》（*Quarterly Journal of Economics*）上的一篇文章提到，如果企业家的第一个孩子是男孩，那么他选择让自己的孩子接班的可能性较大；如果是女孩而且即便还有小儿子，实现家族传承的可能性都要小很多。[①]一个企业是否为代代相传的家族企业，跟在位企业家的孩子性别以及众多孩子出生顺序有关。这一假说符合国内外很多家庭的实际情况。尤其是在少子化的中国，企业家尤其不舍得让女儿来辛苦地跨代创业。孩子的性别影响到家业传承。不仅如此，还影响到同胞关系。家族企业二代有的是姐弟档接班，也有的是兄妹档接班，虽然都是合作，但中间也会有些微妙的差别。一方面，儿子会被寄予厚望，在"兄弟姐妹"的合作制中被要求承担更大责任，姐姐或者妹妹常被安排在辅助的角色；另一方面，从原生家庭看，很少听到哥哥打妹妹，但是姐姐"修理"

---

① Bennedsen M，Nielsen K M，Perez-Gonzalez F，et al. Inside the Family Firm：The Role of Families in Succession Decisions and Performance[J]. The Quarterly Journal of Economics，2007，122（2）：647-691.

弟弟的概率会很高。因此，妹妹在哥哥掌控的公司有一官半职的情况较多，但是姐姐在弟弟掌控的公司担任重要管理岗位的相对较少。家庭能否成为幸福的港湾，家庭成员能否联合生产，家庭成员的性格如何形成，家庭冲突怎么产生，"堡垒如何内部攻破"，这些都与中国式创业家庭的家庭关系和动力学相关。

在创业家族，原生家庭同胞之间的竞争关系，很有可能延续并演变成兄弟在公司的明争暗斗。一进入公司，同胞之间就有竞争卡位战。每个人的站位会取决于各自的家庭角色和被社会赋予的责任。兄弟姐妹的各自性格，跟出生顺序密切相关。香港霍英东的长房长孙霍启刚被认为是霍氏家族中非常优秀的后代，从小被家族寄予厚望，11岁就去英国伊顿公学读书，毕业于牛津大学。爷爷出殡队列里，众人看见霍启刚捧着遗像统领众多堂表兄弟。与此同时，同父同母的弟弟霍启仁性格中多了许多叛逆，学业事业都相差悬殊。很重要的原因在于，作为弟弟可以躺在哥哥的树荫底下，家族责任让高个子的来扛；另外，出生时父母关系不睦，母亲朱玲玲受到冷落，带着孩子搬离家族。父亲因此也觉得对小儿子有所亏欠，较少管教，以金钱上的满足来修复父子关系，小时候的不良行为被诸多纵容。

孩子的性别、顺序、长相及性格，往往会影响父母对孩子的态度和关注。父母对某些子女表现出明显的偏爱。俗语说，父母爱幼子，祖父宠长孙。有些父母对长得像自己的孩子会格外偏爱，给予各种鼓励，给予更多资源。这种偏爱会影响到下一代责任感和性格的养成。这些又会进一步影响到几个孩子长大后在家族企业的分工和责任。在子女众多的家庭，有的父母会及时反省并调整自己过度的偏爱，但有些父母习以为常。一旦孩子认为父母对自己不公平，这样的父母已经影响到子女的成长。

电视剧《都挺好》就是弱势女儿苏明玉的成长史。她从小就被母亲嫌弃。当与年龄相仿的二哥发生矛盾时，母亲总是偏袒二哥，懦弱的父亲又给不到她应有的支持。一次次失望之后的苏明玉期待自己强大，愤愤地想逃离家庭，所以考上大学之后，凭借勤工助学在经济上不再依靠家庭，假期也不再回到家庭。但，时不时涌现的恨意让自己永远离不开心中那个小时候的家。2021年一部由张子枫主演的电影《我的姐姐》上映，讲的也是一位在家庭里被忽视、长期得不到关爱、逃离家庭的长女，在父母突然去世后，被家族告知要养育幼儿弟弟，她会放弃工作与考研梦想去承担起养育弟弟的责任吗？

在独生子女家庭，同样也会有家庭动力学方面的问题。由于十月怀胎、哺乳期、养育期的客观存在，母子之间会建立起非常亲密的关系，而父亲被逐渐疏远。这容易导致母子之间过度共生，使得孩子缺乏独立性，也导致父亲在家庭的缺失。即便孩子长大，母亲也可能延续过度的关照，每天几个电话询问孩子今天吃了什么、跟谁一起，干预孩子的就业、恋爱以及后续的婚姻生活，也会让孩子感到某种程度的窒息。这种关系让母子都得不到各自的成长。所以，家庭心理学都强调，父亲、母亲和孩子在家庭里要建立起一个等边三角形的关系。如果母子之间的关系过度紧密，而夫妻之间不能建立起一种亲密的关系，很可能会导致父子之间关系紧张。在创业家庭，当子女接班以后，原生家庭孕育的父子紧张关系，会转变为一种潜意识的两代冲突关系。工作中一旦遇到观点不一致，那么认知上的冲突和潜意识里父子之间的情感冲突，就很难区分开来。家人吵架时，很容易把陈年旧账都搬出来。面对那些没有学会示弱的父母，孩子会在激烈争吵后离开这个家。父亲在等待孩子的一声道谢，但孩子期待父母的一次道歉。

父母要学会示弱，无为而无不为。在两代人剧烈冲突的时候，愤怒来自无法说服对方带来的无力感，顶牛的愤怒是最差的状态，问题就总是试图强加观点，灌输观点之下的价值观。退出身份，不再是父亲或者母亲，而是换一个老师或导师的身份，将情绪和为对方负责的包袱卸下来。做家长，变成"我"需要被孩子照顾。不要老想照顾孩子，适当的时候，让孩子照顾自己的温与饱。

光环里的一代与阴影里的二代如何相处？一代企业家既是家族的领袖，也是企业的核心。其财富地位、社会影响力使得众人围绕着第一代企业家，如众星拱月。聚光灯打在了一代身上，父亲是家族企业的人格化代表。同时，也有一个明星虽不耀眼但是冉冉上升，只是还未形成双星闪耀的局面。中国式家庭里，权力上位是父亲，权力下位是儿子。二代初到父亲的企业，父辈有着将商场知识倾囊相授的意愿，也有弥补孩子少时陪伴不足的动机，想做一回好父亲。孩子作为晚辈，为父亲分忧也是遵守孝道，希望能够快速提升能力。

不过，企业里的两代人与家里小时候的父子关系已经不一样了，因为小孩子已经长大成人。早就对呼来喝去、颐指气使的做派不满，对自己成为未来领袖的责任感爆棚，开始对父辈决策表示不满，直接挑衅会引来双方的负气争吵。压抑和愤怒中的孩子会选择出走和自我放逐。婉拒父亲的资源，新生代到新的领地开创自己的事业，有助于缓和两代冲突。年轻人离开父亲，在创业新团队仍然有很多的无奈，需要各种的妥协。他们既有离开父母的解忧感，更有失去庇佑的顶天立地者常有的孤独感。

看到儿子离开，父亲是五味杂陈。首先，有着看待背叛者的心态，有幸灾乐祸又嘲笑讽刺，想看离开自己的人最后会被社会摔打得头破血流。其次，也有一种挫败感，自己作为权威，可以影响员工，可以影响监管者，但是无力影响自己的孩子，自己是不是失败的父亲？再者，可能还有一种对自己行为的愧疚感。自信是见过风雨、有容乃大的人，但是与儿子一争高下，赢了又能如何？最后，还有心疼和惋惜，眼看孩子走向了充满荆棘的创业道路，只能期待他快速成长。

父子适当的距离，有助于双方看到对方的优点，勾勒出完整的形象。其实，父亲身上的缺点，孩子身上也有，不见得是个人的问题，可能是时代与文化的产物。距离和时间，剥离很多情绪因素，冷静梳理别人的优点。基于彼此的尊重和互相理解，父辈的闪光点会得到一代代的延续。

在心理学上，分离和个体化是指 0—3 岁阶段以及青春期，孩子试图脱离父母的个体成长。但在笔者看来，家族企业可能还存在第三个阶段，即新生代试图与众不同但又最终认同父辈价值观的这个阶段。当子女作为接班人刚进入企业时，常常发生两代冲突。在父辈看来，年轻人少不经事、处事莽撞，甚至是离经叛道。但，这更是一位年轻企业家的个体成长，生命力的表现。一代企业家要给二代以足够的空间、更多实践（即便是犯错）的机会，经过时间的沉淀，年轻人终将在一些核心家族理念上找到两代人的共识，并能够在经营上独立承担责任。还有什么比得上自己的孩子更优秀来得开心呢？

就像《都挺好》里苏氏家族每一代都有一位强势女性，家庭动力学揭示出某些家庭关系会像生物基因一样，一代一代重复着过去。有的重复喜剧，有的重复悲剧，成为有别于其他家族的独特气质。人们伤害的，往往是自己最爱的人；最深的伤害，也往往来自最爱的人。

家庭为什么伤害人？本书不是要大家借此批评父母，而是认识自我，更要避免下一代重蹈覆辙。我们不是要纠结自己原生家庭，而是要为孩子创造有爱且富有韧性的原生家庭。更重要的，认识到自己的问题，正视自己及家庭存在的问题，是解决问题的第一步。人和其他动物的重要差别是人能够被未来召唤，由使命推动，而动物只有习惯和本能。如果我们坚信自己能够过上幸福生活，那么这一天一定会到来！

图书在版编目（CIP）数据

中国式创业家庭：基业长青的关键力量 / 朱建安著
.—杭州：浙江大学出版社，2022.12
ISBN 978-7-308-23411-5

Ⅰ.①中… Ⅱ.①朱… Ⅲ.①家庭—创业—研究—中
国 Ⅳ.①F249.214

中国版本图书馆CIP数据核字（2022）第243509号

中国式创业家庭：基业长青的关键力量

朱建安 著

出 品 人	褚超孚
策划编辑	张 琛 吴伟伟 陈佩钰
责任编辑	陈佩钰（yukin_chen@zju.edu.cn）
文字编辑	周 靓 金 璐
责任校对	宁 檬
装帧设计	雷建军
出版发行	浙江大学出版社
	（杭州市天目山路148号 邮政编码310007）
	（网址：http://www.zjupress.com）
排 版	浙江时代出版服务有限公司
印 刷	杭州宏雅印刷有限公司
开 本	880mm×1230mm 1/32
印 张	7.5
字 数	155千
版 印 次	2022年12月第1版 2022年12月第1次印刷
书 号	ISBN 978-7-308-23411-5
定 价	78.00元